Joachim Buttler

Das unbekannte Hamburg

**Entdecken Sie die Schönheiten
und Geheimnisse der Stadt**

Ellert & Richter Verlag

Bibliografische Information der Deutschen Nationalbibliothek
Die Deutsche Nationalbibliothek verzeichnet diese Publikation in der Deutschen Nationalbibliografie; detaillierte bibliografische Daten sind im Internet über http://dnb.d-nb.de abrufbar.

ISBN 978-3-8319-0313-9

© Ellert & Richter Verlag GmbH, Hamburg 2009

3. aktualisierte Auflage 2013

Quellennachweis S. 134
13 Zeilen aus: Nelly Sachs, Chor der Tröster, aus: Fahrt ins Staublose. Die Gedichte der Nelly Sachs.
© Suhrkamp Verlag, Frankfurt am Main 1961
Mit freundlicher Genehmigung des Suhrkamp Verlags

Text: Joachim Buttler, Hamburg
Alle Fotos vom Autor außer:
Gruenspan, Fotograf Steven Haberland, Hamburg: S. 79
Herzog & de Meuron, Basel: S. 19
Lockengelöt, Fotograf Johannes Hoffenreich, Hamburg: S. 89
Smallville Records, Hamburg: S. 76
Spicy's Gewürzmuseum, Hamburg: S. 15
Michael Zapf, Hamburg: S. 23, 24, 26, 27, 41. 42, 50, 58, 62, 64, 65, 71, 72, 75, 80, 90, 97, 107, 113, 115, 124, 135, 137, 140, 141
Titelfoto: Agentur Bilderberg, Hamburg

Lektorat: Beatrix Sommer, Hamburg
Gestaltung: Brückner Aping Büro für Gestaltung, Bremen
Lithografie: Griebel-Repro, Hamburg, SMS Scheer Medien Service GmbH, Bremen
Karten: THAMM Publishing and Service, Bosau
Gesamtherstellung: CPI books GmbH, Leck

www.ellert-richter.de

Alle Angaben in diesem Stadtführer sind mit Sorgfalt zusammengestellt, jedoch ohne jegliche Gewähr.
Redaktionelle Angaben:
Stand April 2013
Wenn Sie Ergänzungs- und Berichtigungsvorschläge haben, schreiben Sie bitte an: Ellert & Richter Verlag, Große Brunnenstraße 116–120, 22763 Hamburg

Vorwort

Es gibt vieles in einer Stadt, an dem man regelmäßig vorbeiläuft, ohne davon Notiz zu nehmen. Gerade auch eingefleischte Hanseaten sagen mir bei Führungen durch ihnen bekannte Stadtteile immer wieder, das hätten sie noch nie gesehen. Dieses Buch möchte Ihnen in acht Rundgängen den Blick schärfen, die Lust an Kunst und Architektur der Hansestadt neu wecken – nicht nur bei den Highlights, sondern auch bei den „kleinen" Schönheiten, die Hamburg zu bieten hat.

In acht Rundgängen ist die Stadt natürlich nicht erschöpfend zu erkunden. Gerade Hamburg entwickelt sich rasant. Neuestes Erschließungsgebiet ist der Stadtteil Wilhelmsburg. Der „Sprung über die Elbe" durch die internationale gartenschau (igs) 2013 und die Internationale Bauausstellung (IBA) 2013, beide in Wilhelmsburg, bindet die „vergessenen" Stadtteile Veddel, Wilhelmsburg und Harburg stärker an die Urbanität der Stadt und lässt eine neue, lebendige Gestaltung entstehen. Wie und wo der „Sprung" auf lange Sicht landet, bleibt noch abzuwarten und kann Thema für ein weiteres Buch werden. Ich möchte es aber nicht versäumen, Sie schon hier auf die Besuchermagneten hinzuweisen, die mit der Auswandererwelt „BallinStadt" auf der Veddel und dem Hafenmuseum im Kaischuppen 50 A – eine Außenstelle des Museums der Arbeit – bereits geschaffen wurden.

Doch folgen Sie mir nun auf die hier beschriebenen Stadtspaziergänge. Entdecken Sie mit mir Speicherstadt und HafenCity, Hamburg vom Wasser aus gesehen, die Hafenkante, Ottensen und Altona, St. Pauli, Karolinenund Schanzenviertel, St. Georg und das Viertel rund um den Grindelhof und lernen Sie Hamburg aus einer neuen Perspektive abseits der ausgetretenen Touristenpfade kennen. Dabei wünsche ich Ihnen viel Vergnügen.

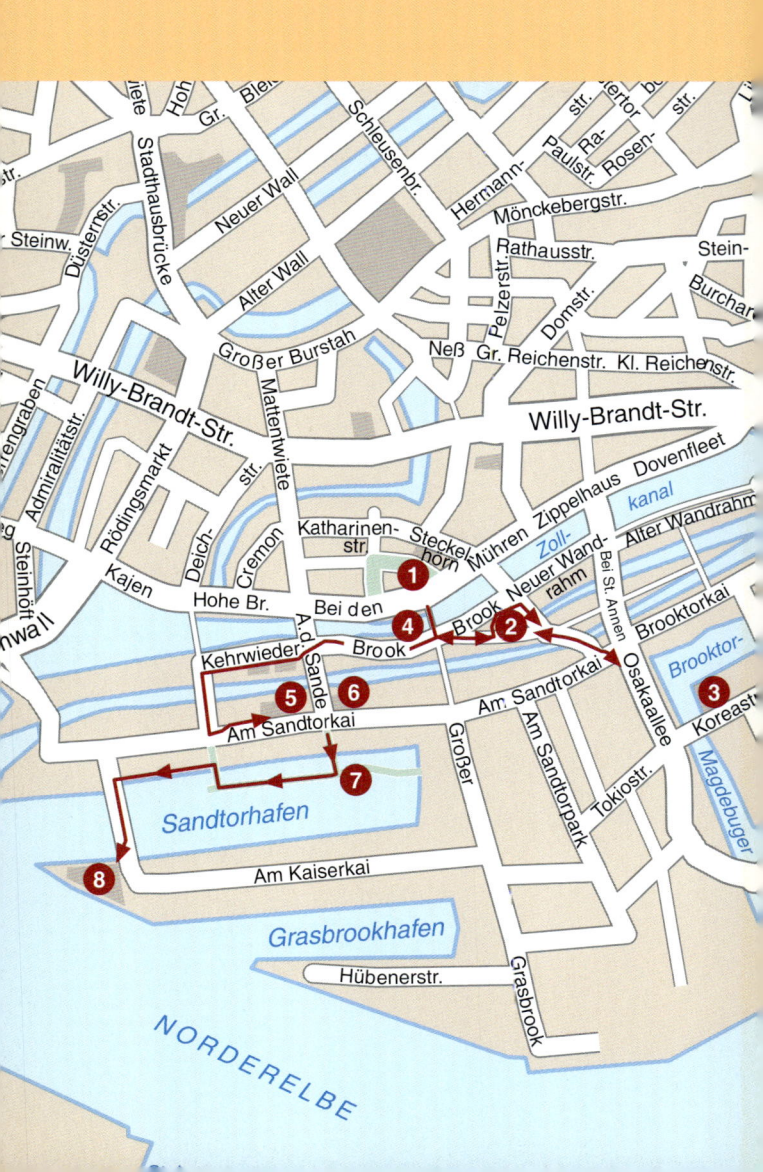

Speicherstadt und HafenCity:
Zwischen alter Backstein-Romantik
und moderner Architektur

Die Geschichte der Speicherstadt beginnt mit einer Erpressung: Nach der Gründung des Deutschen Reichs 1871 weigerte sich Hamburg lange Zeit, sich dem deutschen Zollgebiet anzuschließen. Warum auch, war doch fast das ganze Stadtgebiet zollfreie Zone für Transitgüter und die Hamburger Kaufleute profitierten davon. Im Jahre 1879 platzte Reichskanzler Otto von Bismarck der Kragen und er drohte damit, die Zollgrenze bei Cuxhaven über die Elbmündung zu legen. Dann wäre wahrscheinlich Cuxhaven heute ein Welthandelshafen. Doch nach diesem eindeutigen Signal einigte man sich rasch. Der sogenannte Zollanschlussvertrag kam am 25. Mai 1881 zustande. Hamburg wurde mit Ausnahme der als Freihafen ausgewiesenen Gebiete dem Zollgebiet des Deutschen Reichs angeschlossen und im Freihafen sollte eine Speicherstadt gebaut werden. Das hatte jedoch einen Haken: Das Gelände, das direkt an den bereits 1866 fertiggestellten Sandtorhafen grenzte, war bebaut: Richtung Kehrwiederspitze lagen die Arbeiterwohnungen und bildeten ein richtiges Gängeviertel, und am Alten Wandrahm standen barocke Bürgerhäuser. Das gesamte Ensemble wurde abgerissen und an die 20 000 Menschen wurden umgesiedelt, die ärmeren fanden neue Wohnungen in Terrassenhäusern, ein feiner Hamburger Ausdruck für einfache Hinterhofzeilen.

„Alpenglühen" in der Speicherstadt; die Backsteinfassaden strahlen bei Sonnenuntergang in warmen Rottönen; im Vordergrund die Jungfernbrücke

Bereits am 15. Oktober 1888, also nur sieben Jahre nach der Einigung mit Bismarck, waren mehr als die Hälfte der Speicher errichtet, und in Anwesenheit des Kaisers konnte das riesige Freihafengelände feierlich eingeweiht und seiner Bestimmung übergeben werden. In Hamburg hat man es eben eilig, vor allem, wenn es um den Hafen geht.

Unseren Rundgang können Sie direkt im Herzen der Speicherstadt an der **Kibbelstegbrücke (1)** beginnen; diese ist vom Rathausmarkt nur wenige Gehminuten entfernt (Ausschilderung HafenCity). Schon von der Stadtseite des Zollkanals breitet sich das ganze Panorama der Speicher vor Ihnen aus. Bei Sonnenuntergang gibt es sogar ein echtes „Alpenglühen", wenn der Backstein in warmen Rottönen erstrahlt.

Die Fassaden der Speicher sind vielfältig gegliedert: Türme, Zinnen und Treppengiebel bekrönen sie, die Lukenachsen flankieren Wandvorlagen, die Wände selbst sind mit Glas- oder glasierten Steinen ornamentiert. Ein munterer Stilmix, der an alte Hansestädte mit ihrer Backsteingotik und an mittelalterliche Burgen erinnert. Man fragt sich allerdings zu Recht, wieso ausgerechnet Hamburger Kaufleute, denen man messerscharfes Rechnen nachsagt, solch aufwendigen Zierrat für einfache Speicher finanziert haben. Die Wahrheit ist, dass sie es nur zum Teil bezahlen mussten, da das Deutsche Reich den größten Teil der Bausumme schulterte. Man hat also schon damals einen auch heute noch beliebten Sport betrieben, die Ausgabe öffentlicher Gelder.

Nachdem Sie den Zollkanal überquert haben, verlassen Sie die Brücke über die Wendeltreppe und lenken Ihre Schritte in die Straße Pickhuben. Hier steht das einzige **Kontorhaus (2)** der Speicherstadt, ursprünglich das Zentrum des Kaffeehandels. Gehen Sie durch den Torbogen, ebenfalls mit gotischen Kreuzrippen im Gewölbe und an den Wänden mit einem Backsteinmuster geschmückt, das ein gotisches Maßwerk zitiert. Der Innenhof ist eine kleine Oase in der betriebsamen Welt der Speicherstadt. Rechts rettet Sie ein Balkongitter vor einem möglichen Sturz in den Fleet. Auf der gegenüberliegenden Seite des Fleets können Sie eine Treppe mit zugemauerter Tür entdecken: Bei der Einweihung der Speicherstadt 1888 rechnete man bei Sturmfluten nur mit einem Wasserstand bis zum Treppenabsatz. Deshalb waren einige Straßen unterkellert, wie auch hier der Innenhof selbst. Heute bescheren Elbvertiefung und Klimawandel höhere Wasserstände, und bei einem richtigen Sturm würden Sie auf diesem „Balkon" bereits im Wasser stehen! Doch von hier haben Sie einen schönen Blick auf die Speicherreihen. Vor allem die Kupferhauben über den Winden verdienen Beachtung: Sie sind in Form unterschiedlicher Ritterhelme gestaltet worden!

Durch den zweiten Torbogen verlassen Sie den Innenhof und blicken auf die **Katharinenkirche**. Die Gemeinde verlor durch das Abreißen der Häuser die Hälfte ihrer Mitglieder und geriet in arge Schwierigkeiten. Doch stolz reckt sich immer noch der Turm mit der Katharinenkrone in den Himmel. Eine alte Legende behauptet, die Krone sei aus dem Schatz des berüchtigten Seeräubers Klaus Störtebeker geschmiedet worden. Diesen Piraten ließen die Hanseaten übrigens 1401 nicht weit von hier auf dem Grasbrook köpfen. Umrunden Sie nun den Fleet und achten Sie dabei auf die schmiedeeisernen Geländer: Keines gleicht

dem andern, die Kreativität der Kunstschmie-
de konnte sich damals ungebremst entfalten,
weil der damalige städtische Oberingenieur
Franz Andreas Meyer, verantwortlich für die
Gesamtplanung der Speicherstadt, Kunst-
schmiedearbeiten über alles liebte.

An der Ecke Kannengießerort und St. Annen-
ufer erblicken Sie nicht weit entfernt den **Kaispeicher B (3)** mit seinen charakteristischen
Dachgauben. Heute ist in diesem alten Korn-
speicher aus dem Jahr 1879 das **Internationale
Maritime Museum** untergebracht. Ein Besuch
lohnt sich unbedingt, denn in vorbildlicher
Weise wurde nicht nur der Speicher restauriert
und für die Museumszwecke umgebaut (Archi-
tektin Mirjana Markovic), sondern auch die
umfangreiche Sammlung Peter Tamms von den
Museumsmachern sensationell gut inszeniert!

Außen vorbild-
lich restauriert,
innen sensationell
inszeniert: Das
neue Internatio-
nale Maritime
Museum im alten
Kaispeicher B
präsentiert die
Sammlung Peter
Tamms.

Vielgliedrig gestaltet ist die Speicherfront am Zollkanal. Die Speicher bieten das optimale Klima, um Naturmaterialien wie Teppiche zu lagern.

Doch nun weiter durch die Straßen Pickhuben und Brook, entlang der **Speicherfront (4)**. Viele Teppichhändler haben hier ihre Lager. Dies kommt nicht von ungefähr, denn die dicken Mauern der Speicher sorgen für milde Temperaturen im Innern und die Fleete für eine hohe Luftfeuchtigkeit, eine gute Atmosphäre zur Lagerung von Naturmaterialien. Doch die Teppiche sind auch das letzte der traditionellen Güter, das hier noch gelagert wird: Kaffee, Tee, Zucker und Gewürze werden schon lange nicht mehr in Säcken in den Speichern aufbewahrt.

Ein Abstecher zum Kehrwieder 2 lohnt sich. Dort haben Eisenbahn-Enthusiasten die größte Modelleisenbahn der Welt im Maßstab 1:87 gebaut. Das **Miniatur Wunderland** Hamburg ist inzwischen eine Touristenattraktion – nicht nur für Väter und Söhne!

Wenn Sie jetzt noch Kondition haben, dann können Sie direkt daneben im **Dungeon** (ebenfalls Kehrwieder 2) eine Zeitreise durch 2000 Jahre Hamburger Geschichte, ihre blutigsten Epochen und schrecklichen Szenarien erleben.

Unweit davon die **Speicherstadt Kaffeerösterei** (Kehrwieder 5), in der Sie nicht nur in historischen Räumen verschiedene Kaffeesorten probieren, sondern auch – wenn Sie Glück haben – miterleben können, wie Kaffeebohnen geröstet werden. Dann duftet es hier so, dass Sie diesen Ort gar nicht mehr verlassen wollen. Wenn Sie nun nach der Kaffeerösterei links abbiegen, stoßen Sie auf die Straße Am Sandtorkai, dort erneut nach links abbiegen bis zur Hausnummer 36. Hier befindet sich das liebevoll gestaltete, in einem alten Speicherboden eingerichtete **Speicherstadtmuseum**, in dem Sie alles über das Leben und Arbeiten in der Speicherstadt im 19. und 20. Jahrhundert erfahren, an Tee- und Kaffeeverkostungen teilnehmen können und einmal bis zweimal im Monat die Gelegenheit haben, spannenden Krimilesungen mit renommierten deutschen und internationalen Autoren zu lauschen.

Nach diesen optischen Eindrücken sollten Sie unbedingt einen Blick in das **Gewürzmuseum (5)**, Am Sandtorkai 34, werfen. Hier wird nicht nur die Geschichte und Verarbeitung der

Riechen, schmecken und anfassen: Das Gewürzmuseum in einem alten Speicherboden macht Geschichte und Verarbeitung von Gewürzen auch sinnlich erfahrbar.

unterschiedlichsten Gewürze anschaulich dargestellt, sondern hier können Sie auch riechen, schmecken und anfassen – und einen **Speicherboden von innen** erleben. Nicht die Mauern, sondern schmiedeeiserne, genietete Skelettkonstruktionen tragen die Speicherböden. Betrieben wurden sie von Quartiersleuten, die als selbstständige Unternehmer die Lagerung und Veredelung der Güter bewerkstelligten.

Von der romantischen Atmosphäre im Gewürzmuseum kann man sich nur schwer trennen, aber nun geht der Rundgang weiter mit einem Besuch des **Kesselhauses (6)**, Am Sandtorkai 30. Wie es die beiden stilisierten Schornsteine andeuten, befand sich hier die Energiezentrale der Speicherstadt. Zunächst wurde Wasserdruck erzeugt, mit dem über Rohrleitungen die Winden der Speicher angetrieben wurden. Für die Quartiersleute damals eine große Erleichterung. Später dann über-

nahm die Elektrizität diese Aufgabe. Auf dem kleinen Platz vor dem Kesselhaus wird im Sommer übrigens der **Hamburger Jedermann** aufgeführt – vor den beleuchteten Speichern eine eindrucksvolle Inszenierung! Im Kesselhaus befindet sich heute das Informationszentrum der **HafenCity**. Ein großes Modell zeigt die Ausmaße des Stadtentwicklungsprojekts. Es wird ständig auf den neuesten Stand gebracht. Nach Abschluss von einzelnen Architektur-Wettbewerben werden die recht abstrakten

Alte Schiffe vor neuen Fassaden: Am Sandtorkai ist Hamburgs Zukunftsprojekt HafenCity bereits Wirklichkeit.

Baukörper in aufwendige Modelle verwandelt, sodass jeder Planungs- und Baufortschritt am Modell nachzuvollziehen ist. Gerade Hamburger kommen deshalb häufiger ins Kesselhaus, um bei der rasanten Entwicklung auf dem Laufenden zu bleiben.

Hamburg hat ja richtig Glück. Welche Stadt hat schon die Möglichkeit, direkt neben der Innenstadt einen neuen Stadtteil zu entwickeln? Dem Container sei Dank! Die alten Hafenflächen neben der Speicherstadt werden nicht mehr benötigt, da die großen Containerterminals elbabwärts neu errichtet wurden. So kann auch ein Stadtplanungsfehler der 1920er-Jahre wieder korrigiert werden. Damals galt die Devise: in der City nur Kontore, drum herum neue Wohnungen, mit der Folge, dass nach Geschäftsschluss die City verödete. Die neue HafenCity soll dementsprechend nicht nur Büros, sondern auch Wohnungen beherbergen; ein neuer Stadtteil entsteht, mit eigener Schule und Markthalle. Nur wer wird dort wohnen können? Darüber legen viele die Stirn in Falten angesichts der aktuellen Miet- und Kaufpreise. Doch es ist das erklärte Ziel, nicht nur schicke Lofts für „Dinkis" (= double income no kids) zu errichten. Man wird sehen. Wir verlassen nun das Kesselhaus und wenden uns den bereits realisierten Bauten zu. Überqueren Sie die Straße und gehen zum **Sandtor-**

kai (7) hinunter auf die neuen Schiffsanleger, an denen bereits schöne, alte Traditionssegler festgemacht haben. Von hier haben Sie einen guten Überblick über die neuen Formen des Bauens: vorkragende Gebäude mit den unterschiedlichsten Materialien in der Fassadengestaltung – Glas, Beton, gelber Klinker und roter Backstein. Gegenüber lockert ein Turm die Bebauung auf und ein weißes Bürohaus mit gerundeten Erkern setzt einen besonderen Akzent. An den doch im Großen und Ganzen einheitlichen Baukörpern erkennen Sie, dass den Architekten und Investoren mit einem Masterplan strenge Vorgaben gemacht worden sind, keiner kann sich hier mit einem genialen Solitär verewigen. Im Gegenteil, auf die Ensemblewirkung soll es ankommen. Ob das gelungen ist, können Sie hier am Sandtorhafen nun selbst bewerten.

Doch keine Regel ohne Ausnahme. Mit der **Elbphilharmonie (8)** auf dem Kaispeicher A erhält Hamburg ein neues Wahrzeichen. Eine riesige gläserne Welle, doppelt so hoch wie der alte, dreieckige Kakaospeicher, entwarfen die Schweizer Architekten Herzog & de Meuron. Die Schaumkrone dieser Welle wird sich Richtung Landungsbrücken erheben und den Turm an der Kehrwiederspitze noch überragen. Zurzeit wird in Hamburg allerdings weniger über den brillanten Entwurf diskutiert als über die

Heute noch eine Vision, bald Realität: Das neue Wahrzeichen Hamburgs, die Elbphilharmonie, bildet den Auftakt zur HafenCity.

Baukostenexplosion. Doch wie bei der Speicherstadt werden wir bald froh sein, dass die Stadt bei ihrer Linie geblieben ist, den monumentalen Auftakt zur neuen HafenCity nicht an Kosten scheitern zu lassen.

Nun können Sie ganz gemütlich über die Marina bummeln oder weiter zum Anleger Elbphilharmonie gehen. Hier beginnt der nächste Rundgang mit einer Bootstour.

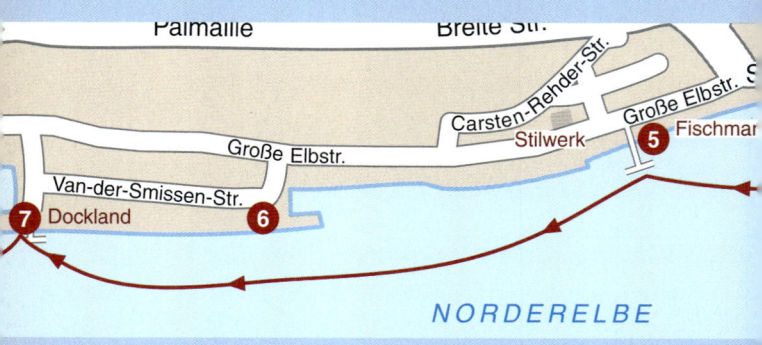

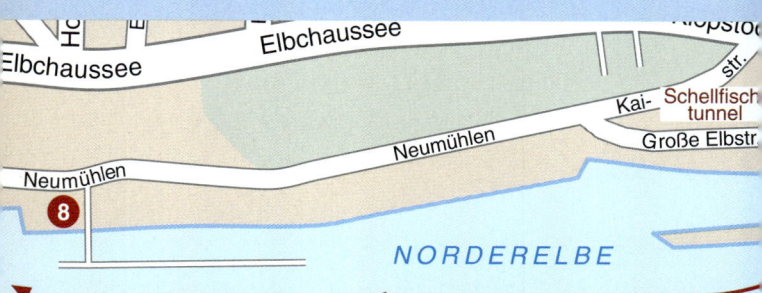

Hamburg vom Wasser aus gesehen: Mit der Elbfähre vom Anleger Elbphilharmonie bis Neumühlen

Hamburg hat die Elbe neu entdeckt. Früher gab es an der Hafenkante ein Sammelsurium von Speichern, Schuppen und Kränen. Diese werden nun schon seit Jahren nicht mehr benötigt, da sich der gesamte Hafenumschlag dramatisch verändert hat. Stückgut – Säcke, Ballen, Kisten – kommt nur noch selten per Schiff in den Hafen, stattdessen wird heute selbst Kaffee in Containern auf die Reise geschickt. Neue, große Terminals elbabwärts bewältigen nun den Ansturm der Blechkisten und haben die alten Anlagen überflüssig gemacht. Allerdings mussten erst die Londoner mit ihren Docklands ein Zeichen setzen, bis man auch in Hamburg Büros und Wohnungen am Hafen als schick empfand. Das hing natürlich auch mit dem früheren Freihafenstatus zusammen. Viele Hamburger kannten den Hafen nur von den Landungsbrücken aus, der ehemalige Freihafen war eingezäunt – praktisch „Ausland". Und die Altonaer Hafenanlagen gehörten im Bewusstsein der Hanseaten zum Rotlichtviertel – da ging man nicht hin. Doch mittlerweile boomt es in der Speicherstadt und in der neuen HafenCity (siehe Rundgang Speicherstadt und HafenCity), und auch das Altonaer Elbufer hat ein neues Gesicht erhalten. Auf einer Fahrt mit den Hafenfähren der Linien 72 und 62 können Sie die Hinwendung Hamburgs zur Elbe in Augenschein nehmen.

Das „Bügeleisen" kommt: Hafenfähre am Anleger Elbphilharmonie. Die Fahrt führt zu den Landungsbrücken, dort umsteigen, und dann weiter über den Altonaer Fischmarkt bis zum Museumshafen.

Die Fahrt beginnt am Anleger **Elbphilharmonie (1)** mit der Linie 72. Wenig traditionell sehen die neuen Hafenfähren aus, im Volksmund auch wegen ihrer merkwürdigen Form „Bügeleisen" genannt. Entwickelt wurde diese Form aus dem wenig charmanten Grund, die Festmacher einzusparen, die die alten Fähren an jeder Anlegestelle mit Tauen festzurrten, bevor die Passagiere an Bord gehen konnten. (Die Fähren der Linie 72 verkehren im 30-Minuten-Takt, es gelten die Fahrscheine des HVV.) Suchen Sie sich an Bord ein schönes Plätzchen für die kurzweilige Fahrt zu den Landungsbrücken.

Hinter dem Seglerhafen und den aufgestelzten Gleisen der Hochbahn – die ersten Züge ratterten 1912 am Hafen entlang – kommt ein grauer, sehr technisch gestalteter Baukomplex in Sicht. Die Münchner Architekten Otto Steidle und Uwe Kiessler orientierten sich an

Schiffsbrücken beim Entwurf des **Gruner + Jahr Verlagsgebäudes (2)**, das seit 1990 mit seinen Stützen, Brücken und großen runden Fenstern, den Bullaugen der Schiffe nachempfunden, zur Elbe hin grüßt. Auch die metallische Haut des Gebäudes – Titan-Zink – unterstützt die Anmutung von Schiffsbrücken. Doch mit seinen Bullaugen hat das Gebäude eine ganze Reihe von Architekten beeinflusst, die nun meinten, allein mit runden Fenstern einen regionalen Bezug zu Hamburg herstellen zu können. Es entstanden jede Menge Häuser mit Bullaugen, bis man diese auch als Hanseat nicht mehr sehen konnte.

Vorbei an der Überseebrücke und **zwei Museumsschiffen**, dem eleganten Stückgutfrachter Cap San Diego (1962 auf der Deutschen Werft

Über dem Seglerhafen bekrönt Hamburgs Wahrzeichen, die Hauptkirche St. Michaelis, kurz der Michel, das Gruner + Jahr Verlagsgebäude (Bildmitte).

Eleganz in Stahl: die Cap San Diego. Der Stückgutfrachter, von der Deutschen Werft für die Reederei Hamburg Süd gebaut, lief 1962 vom Stapel. Heute kann jedermann das Schiff besichtigen.

in Hamburg vom Stapel gelaufen) und dem Dreimastsegler Rickmer Rickmers (1896 in Bremerhaven gebaut) kommen nun die **Landungsbrücken (3)** mit ihrer gedrungenen Architektur von 1910 ins Blickfeld. Hier sollte eine „nordgermanische" Architektur in Szene gesetzt werden, über deren Form sich genauso trefflich streiten lässt wie über manches moderne Gebäude. Über den Landungsbrücken ragen als neue Hafenkrone die Hochhäuser des Brauviertels in den Himmel. Mehr Informationen zu den Landungsbrücken und dem Brauviertel gibt es im Kapitel „Die Hafenkante: Zwischen Himmel und Hölle".

Bei den Landungsbrücken angekommen, steigen Sie nun um in eine Hafenfähre der Linie 62. Diese Fähren verkehren vom 1. März bis

30. September von 6.45 Uhr bis 22.15 Uhr
und vom 1. Oktober bis 28. Februar von 7.15
Uhr bis 19.15 Uhr, jeweils im 15-Minuten-
Takt. Es gelten die Fahrscheine des HVV.
Haben Sie an Bord einen schönen Platz gefunden, können Sie sich zurücklehnen und die
Fahrt am Elbufer entlang genießen. Auf der
anderen Elbseite wird fleißig geschweißt und
gehämmert. Die Docks der **Werft Blohm + Voss
(4)** sind zum Glück meist belegt. Aber wenn
man sich vorstellt, dass das linke Elbufer früher von Werften gesäumt war und Hamburg
1911 extra einen **Elbtunnel** – das Gebäude mit
der großen Kuppel am Ende der Landungsbrücken ist einer der beiden Eingänge – bauen
ließ, weil die Fähren den steten Strom der
Arbeiter und Güter zu den Werften nicht mehr

„Nordgerma-
nisch": die ge-
drungenen Bögen
der Landungs-
brücken. Hier
starten die gro-
ßen Hafenrund-
fahrten.

Kräne, Schiffe,
Docks:
Auf der Werft
Blohm+Voss
werden seit 1877
„große Pötte"
gebaut. In einem
der größten
Trockendocks
Europas, Elbe 17,
werden heute
praktisch nur
noch Reparatur-
arbeiten durch-
geführt.

bewältigen konnten, dann wird einem doch melancholisch ums Herz.

Mittlerweile hat die Fähre den Anleger **Altona Fischmarkt** erreicht. Hier könnten Sie die Fahrt unterbrechen und den Rundgang „Die Hafen-kante: Zwischen Himmel und Hölle" ein-schieben.

Hamburgs Rückkehr an die Elbe begann eigentlich hier mit der Reaktivierung der **Fisch-auktionshalle (5)** aus dem Jahr 1895/96: Fisch wird hier schon seit ewigen Zeiten nicht mehr angelandet, geschweige denn versteigert. Und Hamburgs berühmter „Fischmarkt" sonntag-morgens von 5 Uhr bis 9.30 Uhr spielt sich zwar um die Halle herum ab, ist aber eher ein riesiger Flohmarkt. Die Halle konnte fast 100 Jahre nach ihrer Errichtung vor dem drohen-

Vom Fisch zum Fest: die alte Fischauktionshalle in neuem Glanz. Als Beispiel gründerzeitlicher Ingenieurbaukunst steht sie heute unter Denkmalschutz.

den Abriss gerettet und liebevoll saniert werden. Man war von der Qualität dieses ehemaligen Zweckbaus begeistert – und er „funktioniert" noch heute, nun jedoch als Festhalle.

An die traditionelle Nutzarchitektur des ehemaligen Holzhafens, wie das gesamte Gelände ursprünglich hieß, das einst nicht nur Umschlagplatz für Fisch, sondern auch für Holz und Getreide war, erinnern noch andere Bauten: Das **Stadtlagerhaus** links neben der Fischauktionshalle mit anschließendem Silogebäude – Rest einer Hafenmühle und eines Kornspeichers –, das durch den Hamburger Architekten Jan Störmer 2001 einen neuen Aufbau bekommen hat, und die **Malzfabrik Naefeke**, die als trendiges Einrichtungshaus Stilwerk zu neuen Ehren gekommen ist.

Schon bald nach dem Ablegen kommt der **Klinker-„Brocken"** des Holländers Kees Christiaanse in Sicht, ein Bürogebäude, das bestenfalls die bühnenartigen Durchbrüche und tiefen Einschnitte vor der totalen Verurteilung durch das hanseatische Publikum retteten.

Die schiffsähnliche Form des ehemaligen **England-Fährterminals (6)**, Architekten me di um + William Alsop 1993, erinnert ein wenig an das Gruner + Jahr Verlagsgebäude. Leider legen schon lange keine Englandfähren mehr ab. Die Billigflieger haben den Markt erobert, obwohl es keinen schöneren Reiseweg nach London gibt als den Fluss abwärts an den Villen und Parks vorbei und anschließend über die Nordsee! Aber neue Hoffnung gibt der Boom der Kreuzfahrtschiffe, die Hamburg anlaufen. In direkter Nachbarschaft ist ein neuer Kreuzfahrtterminal entstanden.

Hinter dem Fährterminal schließt sich eine Zeile niedriger Backsteinbauten der Nachkriegszeit an, hier wird heute noch Fisch verarbeitet. Letzterer kommt jedoch nicht mehr frisch vom Kutter, sondern frisch vom Kühllastwagen aus Norwegen!

Bei der nächsten Anlegestelle lohnt eine Unterbrechung der Fahrt: Mit dem **Dockland (7)** erhebt sich wie ein schnittiges Schnellboot, das die Elbe durchpflügt, ein Bürogebäude aus dem Wasser (BRT Architekten Bothe, Richter, Teherani 2005). Mit etwas Puste schaffen Sie die Treppen zur Aussichtsplattform und werden für die Mühe mehr als

belohnt! Bei gutem Wetter – in Hamburg ja die Regel – können Sie elbabwärts über die neuen Containerterminals bis zum Airbuswerk blicken und auf der rechten Flussseite bis nach Övelgönne mit dem großartigen Ensemble alter und neuer Architektur. Direkt rechts vor Ihnen auf dieser Elbseite befindet sich ebenfalls eine neue Bebauung, zuerst der von Gerkan, Marg und Partner umgebaute Kühlspeicher und dahinter mit seiner runden Großform der Elbbergcampus, ein unge-

Ein Schnellboot hebt ab: das schnittige Dockland-Gebäude, 2005 von den Architekten Bothe, Richter, Teherani entworfen

wöhnliches Büro- und Loftgebäude vom Stararchitekten Teherani. Auf der anderen Elbseite blinkt ihnen eine Hamburger Besonderheit entgegen: die „Gammeleier" der Stadt-
entwässerung. Nicht, dass eine Kläranlage
etwas Besonderes wäre, aber in der Abend-
dämmerung beginnt eine Lichtshow die Eier
in blaues, violettes und rotes Licht zu tauchen! Eine tolle Idee, wie man aus Schiet
Kunst machen kann! Natürlich können Sie
von hier aus auch zuschauen, wie die großen
Containerschiffe am gegenüberliegenden Ufer
be- und entladen werden.

Nachdem Sie dieses wohl weltweit einmalige
Hafenpanorama genossen haben, sollten Sie
nach dem Abstieg noch die Spitze des Dock-
land-Gebäudes erkunden: Sie gehen am Kai bis
zur Gebäudespitze und stellen sich unter die
weit vorkragende Fassade. Diese ist vollständig
verglast und verdoppelt mit ihrer atemberau-
benden Spiegelung die Welt! Mit Klappstuhl
und Champagner ein idealer Ort für ein romantisches Stelldichein bei Sonnenuntergang.

Hinter dem Elbbergcampus, nur zu entdecken,
wenn Sie den Elbhang hinaufgehen – nehmen
Sie die geschwungene Straße Elbberg aufwärts
oder die Treppen des Elbbergcampus –, finden
Sie den Eingang zu einem weiteren Überbleibsel der Holzhafen-Industriearchitektur: dem
1895 in Betrieb genommenen Hafenbahn-

oder **Schellfischtunnel**. Eine geniale Erfindung der damals noch als Konkurrenz zu Hamburg auftretenden Stadt Altona, die mit dem Versand von Frischfisch eine echte Marktlücke entdeckt hatte. Der Tunnel beginnt auf halber Höhe des Elbbergs, kreuzt die Palmaille und endet am Altonaer Bahnhof. Die im Tunnel per Dampfloks transportierten und am Bahnhof auf die Preußische Staatsbahn reibungslos weiterverladenen Massen von Frischfisch haben zum wirtschaftlichen Aufschwung Altonas erheblich beigetragen. Leider ist der Tunnel zurzeit aus statischen Gründen nicht begehbar. Wenn es Ihre Zeit und Lust erlauben, können Sie auf der gegenüberliegenden Straßenseite die Treppen emporsteigen zur Rainvilleterrasse und mit dem Rundgang

Das von Antonio Citterio and Partners entworfene Gebäude Neumühlen 17 ist Teil der architektonischen Perlenkette entlang der Elbe und wird auch als Campus genutzt.

durch Altona und Ottensen Ihre Stadterkundung fortsetzen.

Sonst geht es nun mit der Fähre bis zum Anleger **Neumühlen**. Die in U-Form weit vorkragenden Bürogebäude kommen Ihnen bestimmt bekannt vor, denn es ist der gleiche Typ, den Sie schon in der HafenCity kennengelernt haben. Vielleicht wird ja diese **Perlenkette (8)** einmal als Hamburger Stil in die Annalen der Architekturgeschichte eingehen. Ausgesprochen malerisch ist natürlich die Lage der Perlenkette am Fuße des Elbhangs mit seinen Parks und durch das Grün schimmernden weißen Villen. Ein mächtiger Backsteinturm kündigt das Ende der Fahrt an; ursprünglich als Kühlhaus genutzt, beherbergt er heute eine Seniorenresidenz.

An dem Anleger **Neumühlen** steigen Sie aus. Ein Museumshafen lädt zur Besichtigung von alten Ewern ein: Schiffen mit flachem Boden und zwei seitlich angeordneten Schwertern, um seichte Gewässer befahren zu können. Auch eine Hafenfähre aus den 1950er-Jahren ist zu bewundern. So schön waren die alten Dampfer, bevor sie von den „Bügeleisen" abgelöst wurden!

Ein abschließender Spaziergang durch die alte Fischer- und Lotsensiedlung Övelgönne mit ihren romantischen Häusern ist sehr zu empfehlen. Von der Kultbar „Strandperle" aus lässt sich gemütlich der Schiffsverkehr beobachten.

Die Hafenkante:
Zwischen Himmel und Hölle

Dieser Rundgang will Ihnen einige Besonderheiten abseits des touristischen Mainstreams entlang der Hafenkante zeigen, denn Baumwall, Landungsbrücken und Fischmarkt kennen Sie sicherlich. Wenn Sie gegen 10 Uhr morgens den Rundgang beginnen, können Sie zum Abschluss um 12 Uhr mittags an der täglichen Orgelandacht in Hamburgs Wahrzeichen, dem Michel, teilnehmen. Doch vor den himmlischen Klängen steht ein Gang durch die „Hölle": Aus der Presseberichterstattung sind Ihnen die oben am Elbhang gelegenen Hafenstraßen-Häuser bekannt; die Meldungen über die zum Teil bürgerkriegsähnlichen Zustände um die besetzten Häuser gingen ja um die Welt. Doch das ist alles Vergangenheit. Die ehemaligen Besetzer haben eine Genossenschaft gegründet und verwalten heute friedlich die alten Gebäude. Und neben den Hafenstraßen-Häusern ist endlich Wirklichkeit geworden, was viele nur für einen frommen Wunsch gehalten hatten, das überraschende Kunstprojekt **Park Fiction (1)**.

Am einfachsten zu erreichen ist dieses mittlerweile zum schönsten Park Hamburgs gekürte Projekt vom Fischmarkt aus. Sie gehen Richtung Landungsbrücken und überqueren auf der nächsten Fußgängerbrücke die Straße St. Pauli Fischmarkt. Rechts schauen Sie auf einen alten, heute restaurierten Schuppen, der

Die Wünsche haben die Wohnungen verlassen und die Straße erobert: Das Kunstprojekt Park Fiction wurde gemeinsam von Künstlern und Anwohnern realisiert.

den vom Musiker Rocko Schamoni gegründeten **Golden Pudel Club** beherbergt. Linker Hand „winken" Ihnen Palmenwedel entgegen. Hier am Hang des Pinnasbergs wurde nach langen Kämpfen und Debatten auf dem Dach einer Turnhalle Park Fiction Wirklichkeit: 1994 wendeten sich die Anwohner des Pinnasbergs gegen die offiziellen Planungen, an dieser Stelle einen Riegel aus Büros und Luxuswohnungen zu errichten. Gleichzeitig skizzierten die Künstler Christoph Schäfer und Cathy Skene erste Ideen für einen Park. 1997 stellten sie einen Wunschcontainer auf. Unter dem Motto „Die Wünsche werden die Wohnung verlassen und auf die Straße gehen" gelang die Einbeziehung der Anwohner. Das Gemeinschaftsprojekt nahm Gestalt an, überlebte mehrere Bau-

und Kultursenatoren und wurde 2002 sogar
in Kassel auf der Documenta 11 präsentiert.
Heute sind viele Wünsche realisiert: Auf der
Pirateninsel lässt sich's in einer Hängematte,
die zwischen die eisernen Palmen gespannt
wird, herrlich träumen. Auf einem fliegenden
Teppich in Form einer gewellten Rasenfläche
kann man die Sonne anbeten. Ein Hundespiel-
platz, natürlich mit stilisiertem Pudel (Golden
Pudel Club), entlastet die Halter; während die
Hunde herumtollen, können Herrchen und
Frauchen gemütlich an einem einfachen Bar-
tresen ein Bier genießen. Ein Kunststofffeld
mit Tulpendekor lädt zum Spielen ein und ein
Bambusgarten zur Rast. Und überhaupt: Die
Aussicht auf den Hafen und die auf dem anderen Ufer der Elbe gelegene Werft Blohm+Voss
ist überwältigend!
Auch die benachbarte **St.-Pauli-Kirche (2)** hat
sich am Projekt beteiligt. Auf dem ehemaligen
Kirchhof ziehen die Kinder der Umgebung
jetzt Gemüse und Blumen in Gemeinschafts-
gärten und daneben wurde eine Boule-Fläche
eingerichtet. Die Kirche selbst blickt auf eine
tragische Geschichte zurück. Als 1813 die
französischen Besatzer Hamburg zur Festung
ausbauten, rissen sie auch hier am Hamburger
Berg die Häuser für ein freies Schussfeld ab.
Ein französischer Kommandant betrat die alte
Fachwerkkirche, bat in einem Gebet die Mut-

Die Kneipe „Doppelschicht" am Hein-Köllisch-Platz befindet sich in einem alten Torhaus von 1820. Hier verlief die Grenze zwischen Hamburg und Altona.

tergottes um Verzeihung und legte anschließend Feuer an den Altar. Die Kirche brannte lichterloh. Nach der französischen Niederlage konnte das Gotteshaus mit französischen Reparationszahlungen 1819/20 nach einem schlichten klassizistischen Entwurf von Carl Ludwig Wimmel neu errichtet werden. Nur für den Turm fehlte das Geld. Er kam erst 1864 hinzu. Auch der Plan für einen rechtwinkligen Kirchhof mit Eckpavillons stammt aus Wimmels Feder.

Hinter der Kirche liegt der **Hein-Köllisch-Platz (3)**, benannt nach dem plattdeutschen Literaten und Humoristen (1857–1901), der am damaligen Paulsplatz als Sohn eines Schuhcremefabrikanten zur Welt gekommen war. Hier hat die Stadt zum Gesamterfolg der

Ein- und Durchblicke: Apartmenthäuser im Brauviertel. Auf dem Gelände befand sich früher die Traditionsbrauerei Bavaria (Astra).

Sanierung des Viertels beigetragen. Verkehrsberuhigt ist aus der ehemaligen viel befahrenen Straßenkreuzung wieder ein echter Platz entstanden. Künstler, Kirche und Stadt – eine seltene, aber umso erfolgreichere Kooperation, die man eigentlich weiterempfehlen sollte, vor allem, wenn man bedenkt, dass hier früher Drogenhandel und Prostitution den Ton angaben. Aus der „Hölle" wurde zwar noch kein „Himmel", aber mit künstlerischer Initiative und kirchlichem Engagement ein annehmbarer Wohnort!

Übrigens: Die kleine Kneipe „Doppelschicht" ist in einem alten Torhaus (1820) untergebracht. Hier verlief früher die Grenze zu Altona.

Nun gehen Sie zurück bis zur Kirche und biegen am Rondell links in die Bernhard-Nocht-Straße ein, passieren die Hafenstraßen-Häuser von der Rückseite. Bereits weit vor der Davidstraße sehen Sie den Turm des Riverside-

Futuristisch wirkt der neue Sicherheitstrakt des Bernhard-Nocht-Instituts, das seit 1900 Schiffs- und Tropenkrankheiten erforscht.

Hotels. Hier beginnt das neue **Brau-Quartier (4)**. Die Hamburger Traditionsbrauerei Bavaria (Astra-Bier) wurde leider abgerissen und durch neue Büro- und Wohngebäude ersetzt. Im Quartier überzeugen der moderne Materialmix und die unterschiedlichen architektonischen Formen. Der Hotelturm ist mit seiner strengen Rasterfassade allerdings äußerst langweilig ausgefallen. Vom englischen Stararchitekten David Chipperfield, der mit dem Bau des Literaturmuseums der Moderne in Marbach bei Stuttgart brillierte, hätte man mehr erwarten können.

Gegenüber erblicken Sie das altehrwürdige **Bernhard-Nocht-Institut für Tropenmedizin (5)**, Hausnummer 74, das nach seinem ersten Direktor benannt wurde. Das Institut erforscht seit 1900 Schiffs- und Tropenkrankheiten, heute in erster Linie hochinfektiöse Viren. Dafür wurde der rechts an das alte

Backsteingebäude (1910–14, Architekt: Fritz Schumacher) angrenzende futuristische Sicherheitstrakt gebaut, den die Kölner Architekten Kister Scheithauer Gross entwarfen.

Am Ende der Straße stoßen Sie rechts auf die Gebäudegruppe des **Hotels Hafen Hamburg (6)**. In dem ehemaligen Seemannshaus, von Hamburger Reedern 1863 gestiftet, lohnt eine kleine Pause. Sollten Sie am Abend hier vorbeikommen, empfiehlt sich die Bar im obersten Stock des Hotelturms mit ihrem sensationellen Ausblick über den Hafen (Sonnenuntergang!). Doch auch tagsüber öffnet sich von der Hotelterrasse aus ein herrliches Hafenpanorama. Vor allem können Sie von hier aus ganz entspannt die **Landungsbrücken (7)** betrachten, die in ihrer gedrungenen Form doch etwas unge-

Zimmer mit Hafenblick: das Hotel Hafen Hamburg. In der Bar im Turm lässt sich entspannt und mit fantastischem Rundblick ein Cocktail genießen. Im Vordergrund die Landungsbrücken, im Hintergrund die beiden „tanzenden Türme" von dem Architekten Hadi Teherani an der Reeperbahn.

wöhnlich anmuten. Die Architekten Ludwig
Raabe und Otto Wöhlecke wollten mit kurzen
dicken Säulen, schwer lastenden Kuppeln und
an Granit erinnernden Verkleidungsplatten
wie erwähnt „nordgermanisch archaische"
Anklänge zelebrieren (1906–10). Man muss
sich die Zeit vergegenwärtigen, um diesen
Baustil zu verstehen: In den Jahren vor dem
Ersten Weltkrieg war man auf der Suche nach
einem deutschen, germanischen Baustil. Heute
wirkt das alles etwas schwerfällig. Eine techni-
sche Sensation war damals vor allem der **Alte
Elbtunnel** (1911 eröffnet), in dessen zylindri-
schen Schächten Fahrstühle die Fahrzeuge
hinauf- und hinunterbefördern. Der Kuppel-
bau, der die Landungsbrücken rechts ab-
schließt, sollte die schnelle Verbindung für die
Arbeiter von der Stadt zu den gegenüberliegenden Werften sein. Ursprünglich war
geplant, dass der Tunnel nicht nur für Drosch-
ken und Lastwagen, sondern auch für Fuß-
gänger gebührenpflichtig sein sollte. Doch in
der Bürgerschaft regte sich dagegen Widerstand. 1906 polemisierten die Sozialdemokra-
ten: „Weil die Bourgeoisie für die Instand-
haltung der Reitwege auf der Uhlenhorst auch
keine Abgaben bezahlt, muss die Tunnel-
benutzung für Arbeiter frei sein." So geschah
es dann auch. Nur für mitgeführte Hunde
musste ein Groschen berappt werden. Heute

noch in Betrieb, wird der Elbtunnel ab und zu jedoch auch für skurrile Großveranstaltungen genutzt, etwa für den Tunnel-Marathon (48-mal die beiden Röhren hin und zurück) oder für aktuelle Kunstausstellungen.

Doch zurück zur Straße beim Hotel, sie heißt jetzt Seewartenstraße, der Sie rechts weiter folgen. Auf der Kersten-Miles-Brücke entdecken Sie halblinks zwischen den Bäumen einen wahren „Klotzkopf", das Haupt des **Bismarckdenkmals (8)** von 1906. Wie eine Rolandstatue steht Reichskanzler Otto v. Bismarck (1815–98) in stoischer Ruhe auf ein Schwert gestützt, das allein zehn Meter hoch ist, und überblickt die Hafenszenerie. Die gesamte Kolossalstatue bringt es sogar auf 34 Meter! Den Sockel „verschönern" dumpfe Athleten als Stellvertreter der „deutschen Stämme". Auch hier atmet das Ensemble wie bei den Landungsbrücken „germanische" Luft und ist nur aus dem „Hurrapatriotismus" der Zeit vor dem Ersten Weltkrieg zu verstehen. Bis 2006 ließen die Hamburger diesen Klotz einfach zuwuchern. Jetzt hat sich ein Verein des Denkmals angenommen und die Bäume beschnitten, sodass wir nun „unseren" Bismarck wieder bewundern können. (Wenn Sie den ästhetischen Gruselfaktor noch erhöhen wollen, dann fragen Sie beim Denkmalschutzamt nach der nächsten Füh-

Aus 34 Meter Höhe überblickt Reichskanzler Otto v. Bismarck die Hafenszenerie. Das 1906 errichtete Denkmal hat der Bildhauer Hugo Lederer entworfen.

rung; im Inneren des Sockels zieren vaterländische Gemälde die Gewölbe.)

Nach dem Überqueren der Brücke gehen Sie nach links in die Neumayerstraße. Schon bald erreichen Sie den **Zeughausmarkt (9)**. Die weiß verputzten, eleganten Häuser der Randbebauung stammen ursprünglich von der Hand eines alten Bekannten, des klassizistischen Architekten Carl Ludwig Wimmel, der auch den Entwurf für das St.-Pauli-Kirchenschiff geliefert hatte. Leider wurde nach den Zerstörungen durch den Zweiten Weltkrieg auch das letzte noch erhaltene Wimmel-Gebäude abgerissen und durch einen leicht veränderten Nachbau ersetzt. Nicht nur bei Historikern trägt die Freie und Hansestadt gerade wegen der häufigen Missachtung historischer Bausubstanz auch den Beinamen „Freie und Abrissstadt Hamburg". Erhalten geblieben ist jedoch die **Englische Kirche**, die in den Jahren

1836 bis 1838 vom Altonaer Architekten Ole Jörgen Schmidt errichtet wurde und mit ihrer ionischen Tempelfront den Zeughausmarkt prägt. Die Mitglieder der Englischen Handelskompanie, die Merchants Adventurers, erhielten übrigens als erste und lange Zeit als einzige nichtlutherische Glaubensgemeinschaft in Hamburg das Recht, ihrer eigenen Konfession nachzugehen.

Die dritte Platzseite nimmt das Michaelisquartier des Münchner Architekten Otto Steidle ein (2001). Dieser Büro- und Wohnkomplex, der sich dem Schwung der breiten Ludwig-Erhard-Straße anpasst, gibt der gesamten Anlage farbige Akzente, ist aber bei den Hamburgern nicht besonders beliebt, da der Eckturm den freien Blick auf unser Wahrzeichen, den Michel, verstellt. Ständig wird die Frage laut: „Wer hat das eigentlich genehmigt?"

Doch bevor wir uns dem Michel zuwenden, überqueren Sie die breite Durchgangsstraße, die übrigens erst Anfang der 1990er-Jahre nach dem „Wirtschaftswunder"-Kanzler benannt wurde. Sie hieß schlicht Ost-West-Straße und wurde nach dem Zweiten Weltkrieg als Hauptverkehrsachse angelegt. Schon damals war ihr Name Stadtgespräch. So schrieb das Hamburger Abendblatt 1959: „Warum nicht ‚Straße der Hauptkirchen'? Man hat – zunächst provisorisch – von der Ost-West-Achse

gesprochen und ist jetzt wohl auf den durch-
gehenden Namen Ost-West-Straße gekommen. Diese nüchterne Sachlichkeit ist gut
hamburgisch, zweckmäßig und einleuchtend."
Da die Straße aber an fast allen Hauptkirchen
entlangführe, schlug der Redakteur „Straße
der Hauptkirchen" vor. Ein reger Leserbrief-
verkehr setzte ein. Ein anderer Vorschlag lau-
tete „Äquator-Straße", da sich mit diesem
„Schnellweg Weite und Geschwindigkeit" ver-
bänden.

Nun, es blieb bei dem schlichten Namen, bis
die Bürgerschaft den Bedarf zur Ehrung Ludwig Erhards verspürte. Und da wir in Zeiten
des Parteienproporzes leben, erhielt nur die
eine Hälfte Erhards Namen, die andere heißt
heute Willy-Brandt-Straße. Wahrscheinlich
würden sich beide im Grabe umdrehen, wenn
sie diese Posse mitbekommen hätten. Wie
auch immer, seien Sie nicht irritiert, wenn Sie
einen Hamburger nach einem der beiden Stra-
ßennamen fragen und nur Stirnrunzeln ernten
oder im besten Fall die Bemerkung „Ach, Sie
meinen die Ost-West-Straße".

Zurück zum Stadtrundgang: Nach einigen
Metern stadteinwärts zweigt links die Nean-
derstraße ab, der Sie bis zur Ecke **Peterstraße
(10)** folgen. Plötzlich fühlen Sie sich, umgeben
von alten Barockfassaden, in das 18. Jahrhundert versetzt. Ende der 1960er-Jahre wurden

hier die Fassaden abgerissener Häuser aus dem gesamten Stadtgebiet „gebündelt" wiedererrichtet. Auch die Hinterhöfe – Durchgang an der Peterstraße – stammen aus der Zeit und geben nicht die drangvolle Enge der alten Gängeviertel wieder, sondern, wie das gesamte Ensemble, eher eine idyllische Interpretation der „guten alten Zeit". Gemeinhin gilt die Peterstraße dementsprechend als Potemkinsches Dorf. Doch angesichts hanseatischer Abriss- und Modernisierungswut können wir noch froh über diese Aktion der Alfred Toepfer Stiftung F.V.S. sein. Immerhin bildet mit dem Beyling-Stift (1751–70 erbaut) ein ebenfalls zum Abriss vorgesehenes Gebäude den Kern des Ensembles. Und der größere Teil der hier entstandenen Wohnungen wurde

Potemkinsches Dorf oder Rettung geschichtsträchtiger Gebäude? Die Barockfassaden in der Peterstraße wurden in den 1960er-Jahren von der Alfred Toepfer Stiftung F.V.S. aus verschiedenen Stadtteilen zusammengetragen und wiederaufgebaut.

in Anknüpfung an die Tradition des Stifts preisgünstig an Senioren vermietet. Wenn Sie das **hamburgmuseum** besuchen möchten, gehen Sie zum Holstenwall durch.

An der Peterstraße 39 erinnert das **Johannes-Brahms-Museum (11)** an den 1833 in Hamburg geborenen großen Musiker und Komponisten. Sein Andenken pflegt die Johannes-Brahms-Gesellschaft, die nicht nur das Museum betreut, sondern auch die nationale und internationale Brahms-Forschung fördert.

Zurück über die Ludwig-Erhard-Straße stehen Sie nun vor Hamburgs Wahrzeichen, dem **Michel (12)**, genauer: vor der St.-Michaelis-Kirche. Der Baumeister des „Michel", Johann Leonhard Prey, verstarb 1757 noch während der Bauphase, sein Nachfolger, Ernst Georg Sonnin, vollendete die Kirche mit dem Turmbau bis 1786. Von außen sind beide Handschriften gut zu unterscheiden: Das Kirchenschiff mit seinen barocken Schwüngen stammt von Prey, das klassizistische Rundtempelchen auf dem Turm von Sonnin. Leider brannte die Kirche 1906 bei Reparaturarbeiten fast vollständig ab. Was wir heute sehen, ist die Rekonstruktion von 1912, die aber weitgehend mit dem Vorgängerbau identisch ist. Doch das soll Sie nicht daran hindern, nun die mittägliche Orgelandacht (täglich um 12 Uhr) zu genießen und dabei die Harmonie des

Hamburgs Wahrzeichen, die St.-Michaelis-Kirche, liebevoll Michel genannt. Vom Turm (mit Fahrstuhl!) hat man einen fantastischen Blick über Stadt und Hafen.

Kirchenraums zu entdecken. Neben der Dresdner Frauenkirche gilt der Hamburger Michel als bedeutendster protestantischer Kirchenbau Deutschlands. Doch was heißt „protestantischer Kirchenbau"? Das „Protestantische" erkennt man an den Kirchenbänken, die nicht wie in katholischen Kirchen üblich zum Hauptaltar hin frontal ausgerichtet sind, sondern zur Kanzel so stehen, dass jedes Gemeindemitglied den Pastor, der das Wort Gottes auslegt, gut hören und sehen kann. Bemerkenswert an dem fast 3000 Menschen fassenden Innenraum sind der beinahe 20 Meter hohe Altar (1912) und der originale Opferstock von 1763.

Für Schwindelfreie ist die Besteigung des Michelturms (Fahrstuhl) Pflicht. In 82 Meter Höhe haben Sie einen faszinierenden Blick auf die Hamburger Innenstadt mit den beiden Alsterbecken sowie zur anderen Seite auf den Hafen und die Elbe.

Sollten Sie nach der Andacht noch etwas Zeit haben, schauen Sie bitte in die **Krameramtsstuben**, Krayenkamp 10, hinter dem Michel. Hier können Sie noch die Enge der alten Bebauung spüren trotz der touristischen Läden und Restaurants. Das Krameramt, die Zunft der Einzelhändler, richtete im Jahr 1676 hier Wohnungen für Witwen ein.

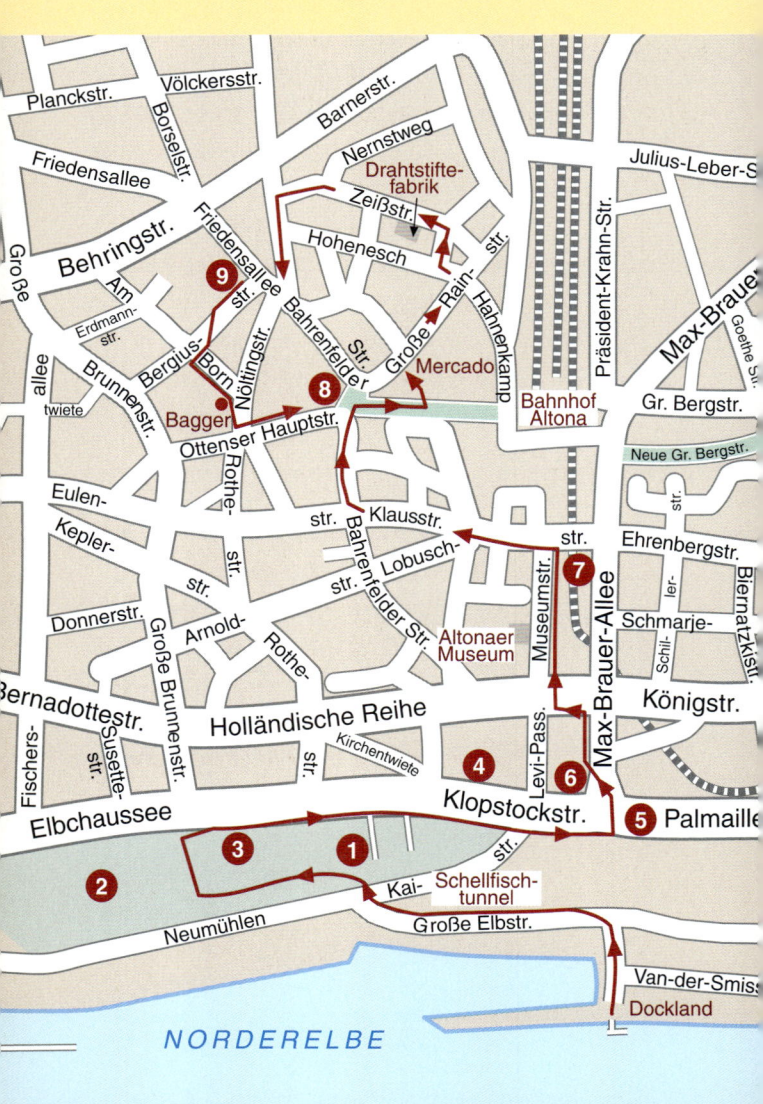

Altona und Ottensen:
„Du kriegst die Motten"

Keine Sorge, mit dem Ausspruch „Du kriegst
die Motten" sind keine Kleider fressenden
Ungetüme gemeint, eher wird er synonym
gebraucht für „Es ist zum Verrücktwerden".
Allerdings gibt es einen ernsten Hintergrund:
Der Stadtteil Ottensen wird auch „Motten-
burg" genannt, was wahrscheinlich mit den
beengten Wohnverhältnissen und der deshalb
dort grassierenden Tuberkulose im 19. Jahrhundert zusammenhing. Die Arbeit in den
Glasfabriken und in der Tabakverarbeitung
war höchst ungesund. Viele Arbeiter litten
unter „Schwindsucht". Sie hatten „die Motten
auf der Lunge", wie man damals sagte. Dies
ist allerdings nur eine von mehreren Erklärun-
gen für den Namen. Wie auch immer, heute ist
Ottensen vielleicht nicht Hamburgs schönster
Stadtteil, viele sind aber der Meinung, er sei
sein lebendigster mit viel kulturellem Flair, der
zusammen mit seiner großen Schwester Altona Hamburgs aktuelles Gesicht entscheidend
prägt.
Natürlich hat auch der Name „Altona" seinen
weit in die Geschichte zurückreichenden
Ursprungsmythos. Hier geht es jedoch nicht
ganz so tragisch zu: Ein Elbinsel-Bauer hatte
genug von den dauernden Überschwemmun-
gen seines Landes und zog 1536 von der Insel
auf den Geesthang nahe Hamburg. Dort richtete er ein Wirtshaus ein und schenkte Selbst-

gebrautes aus, zur Freude der Reisenden und
zum Ärger der Hamburger, die so nah an ihrer
Stadtgrenze kein Wirtshaus haben wollten.
Die Hamburger schickten also zwei Ratsher-
ren zur Stadtgrenze mit der Ermahnung, das
Wirtshaus stünde „all to nah" (allzu nah).
Doch ohne Ergebnis – Altona entwickelte sich
im Laufe der Zeit zu einer ernst zu nehmenden
Konkurrenz, vor allem nach 1640, als Altona
und Ottensen unter dänischer Herrschaft
standen. Hier galten im Gegensatz zum zünf-
tig und protestantisch organisierten Hamburg
weitreichende religiöse und gewerbliche Frei-
heiten und das Privileg, Waren zollfrei in das
dänische Königreich einzuführen (vgl. die Straße Große Freiheit, im Rundgang „St. Pauli:
Überraschendes abseits der Reeperbahn" be-
schrieben). Erst nach dem Deutsch-Dänischen
Krieg 1864 und dem Deutschen Krieg 1866
fielen Altona, das sich zur zweitgrößten Stadt
Dänemarks nach Kopenhagen gemausert hatte, und Ottensen an Preußen, 1937 dann an
Hamburg. Geliebt haben die Hamburger
Altona jedoch lange nicht, was man auch am
Altonaer Bahnhof erkennen kann. Dieser, ein
wunderschöner neugotischer Backsteinbau
von 1895, wurde 1974/75 abgerissen und
durch eine „Nullachtfünfzehn-Betonburg",
ein „Warenhaus mit Gleisanschluss" ersetzt.
Deshalb beginnt unser Stadtrundgang auch

nicht am Altonaer Bahnhof. Diese Beleidigung für die Augen möchte ich Ihnen ersparen!

Wir starten also besser an der Schokoladenseite der Stadt, dem Elbufer. Mit der Hafenfähre 62 erreichen Sie von den Landungsbrücken oder vom Fischmarkt aus bequem den Anleger Dockland. Sportlich geht es den Elbberg hinauf, am Schellfischtunnel (Rundgang „Hamburg vom Wasser aus gesehen") vorbei. Nachdem Sie die Kaistraße überquert haben, müssen Sie nur noch die gegenüberliegende Treppenanlage erklimmen. Dann haben Sie die **Rainvilleterrasse (1)** erreicht. Belohnt werden Sie mit einem fantastischen Blick über die Elbe bis hin zur eleganten Köhlbrandbrücke. Hier stand bis 1867 das berühmte Restaurant des französischen Emigranten César Lubin Claude

Romantischer Blick auf die Elbe von der Rainvilleterrasse. Hier stand einst das weithin bekannte Restaurant des französischen Emigranten Rainville.

Rainville, der den Hamburgern und Altonaern
die französische Lebensart und feine Küche
beibrachte. Heute steht hier wieder ein mäch-
tiges Gebäude, das seiner neuen Nutzung, unter anderem als Architektur-Akademie, entge-
gensieht, die ehemalige Seefahrtschule, 1931/32
errichtet. Mit seiner klaren horizontalen Glie-
derung und den kubischen Baukörpern zeigt
es eine eindeutige Orientierung an den Grund-
sätzen des Modernen Bauens, wie sie das Bauhaus in den 1920er-Jahren entwickelt hatte.
Ein kurzes Stück Richtung Westen (elbabwärts) beginnt der **Donnerspark (2)**: Dort ließ
sich der Altonaer Kaufmann und Bankier
Conrad Hinrich Donner 1857 einen Landsitz
errichten, der wegen seiner Größe Donner-
schloss genannt wurde (1856/57, Architekt
Johann Heinrich Strack). Leider ist dieser neu-
gotische Schatz dem Zweiten Weltkrieg zum
Opfer gefallen, nur einige Säulenstümpfe im
Park, heute romantisch überwuchert, zeugen
noch von der vergangenen Pracht.
Gehen Sie nun den Neumühler Kirchenweg
hinauf bis zur Elbchaussee. Durch den Heine
Park erreichen Sie nach gut 100 Metern an der
Elbchaussee 31 ein Kleinod, das charmante
Heine Haus (3). Es ist das einzig erhalten geblie-
bene Gebäude des ehemaligen Landsitzes des
Bankiers und Mäzens Salomon Heine (1767–
1844), eines Onkels von Heinrich Heine. Vor

dem Verfall hat es ein Verein gerettet, der mit kulturellen Vorträgen nicht nur das Haus bespielt, sondern auch den humanistischen Geist von Salomon und Heinrich Heine weiterleben lässt.

Weiter geht es durch die Parkanlagen zur Rainvilleterrasse und zur auf der anderen Seite der Elbchaussee gelegenen malerischen **Christianskirche (4)**, die Otto Johann Müller in den Jahren 1735 bis 1738 errichtete – eine barocke Dorfkirche mitten in Altona. Im 18. Jahrhundert tatsächlich noch in dörflicher Lage, ist sie nun von der Großstadt umschlossen. Nur der ehemalige Friedhof, heute ein kleiner Park, strahlt die alte Idylle aus. Dies war auch der Grund, warum der Dichter Friedrich Gottlieb Klopstock (1724–1803)

Humanismus in charmanter Hülle: Das Heine Haus in der Elbchaussee 31 gehörte zum Landsitz von Heinrich Heines reichem Hamburger Onkel, dem Bankier Salomon Heine.

Neben der Christianskirche befindet sich unter einer von ihm selbst gepflanzten Linde das Grab des Dichters Friedrich Gottlieb Klopstock. Die Kirche wird deshalb auch Klopstockkirche genannt.

hier seine letzte Ruhestätte gewählt hatte: Unter einer von ihm gepflanzten Linde liegt er zwischen seiner ersten Ehefrau Meta, 1758 früh verstorben, und seiner zweiten Frau Johanna Elisabeth (gest. 1821), deren Inschrift auf seinem Grabstein ein romantisches Zeugnis von ihrer beider Liebe ablegt, „seine liebende und geliebte Gattin" ist dort zu lesen. Als der damals legendäre Dichter des „Messias" am 22. März 1803 zu Grabe getragen wurde, begleiteten mehr als 25 000 Menschen den Trauerzug.

Rechter Hand sehen Sie einen großen, weißen Palast, das Altonaer Rathaus. Doch bevor wir uns ihm zuwenden, lohnt noch ein kurzer

Abstecher zur Kreuzung Klopstockstraße/
Max-Brauer-Allee/Palmaille: Direkt an der
Klopstockstraße 2–8 stehen vier wunderschön
restaurierte Reihenhäuser aus dem Jahr 1797.
Der elegante Eindruck, den sie vermitteln,
wird noch gesteigert durch die Häuser an der
Palmaille (5), Altonas berühmtester Straße.
Ursprünglich war sie für ein Ballspiel ähnlich
dem Boccia schon im 17. Jahrhundert angelegt worden. Um 1800 wandelte sie der
königlich-dänische Landbaumeister Christian

Die schönsten
Fassaden Altonas
– der königlich-
dänische Land-
baumeister Chris-
tian Frederik
Hansen entwarf
die Gebäude an
der Palmaille um
1800. Rechts das
Haus Nr. 116,
in dem er selbst
wohnte.

Frederik Hansen (1756–1845) zu einer – der gewachsenen Bedeutung Altonas entsprechenden – feinen Adresse um: Elegante klassizistische Bauten säumen sie, das Haus Nr. 116 entwarf er für sich selbst.

Zur Elbe hin öffnet sich die nach dem Zweiten Weltkrieg auf dem Steilufer des Flusses geschaffene Grünanlage und Aussichtsplattform, der Altonaer Balkon, mit einer überwältigenden Sicht auf den Hafen.

Doch nun zurück zum **Altonaer Rathaus (6)**: Es ist wohl einzigartig auf der Welt, dass ein Rathaus auf die Grundmauern eines Bahnhofs gesetzt wurde. Das 1843/44 errichtete Empfangsgebäude des Kopfbahnhofs der „König-Christian-VIII.-Ostseebahn" nach Kiel stand der Stadtentwicklung im Weg. Die Stadt entschloss sich kurzerhand zur Verlegung des Bahnhofs an seine heutige Stelle, und auf Teilen der Grundmauern wurde das Rathaus im Stil der Neorenaissance 1896–98 als repräsentatives Zentrum erbaut (Stadtbaumeister Emil Brandt) und ein entsprechender Platz angelegt. Natürlich gehörte auch eine staatstragende Ausstattung des Platzes zu den Gepflogenheiten der Stadtplanung im Deutschen Reich, deshalb „reitet" bis heute Kaiser Wilhelm I. vor dem städtischen Zentrum der Macht einher (Gustav Eberlein, 1898). Die Altonaer scheinen dem Kaiser gewogener gewesen zu

sein als die Hamburger. Deren Reiterstandbild des Kaisers wurde andersherum aufgestellt, er kam „zu Besuch" auf das Rathaus zugeritten (heute steht diese Skulptur in den Hamburger Wallanlagen).

Das besonders repräsentativ gestaltete Giebelfeld über dem Haupteingang des Rathauses schmückt eine allegorische Darstellung der Stadt von Carl Garbers, an der auch Ernst Barlach mitgearbeitet hat. Auf der anderen Seite der Straße steht ein großer schwarzer Quader, das Denkmal für die vernichtete jüdische Gemeinde von Altona, 1989 gestaltet von dem amerikanischen Minimalisten Sol LeWitt. Ursprünglich hatte der Künstler die „Black Form" für eine Ausstellung in Münster entworfen. Erst als die verantwortlichen Politiker

Staatstragend: Kaiser Wilhelm I. harrt seit 1898 zu Pferde vor dem Altonaer Rathaus aus. Es ist wohl das einzige Rathaus der Welt, das auf den Grundmauern eines Bahnhofs erbaut wurde.

den Ankauf des Mahnmals ablehnten, schenkte Sol LeWitt sein Kunstwerk der Stadt Hamburg. Sein Honorar für das „wichtigste Stück, das ich je gemacht habe", stiftete er der „Foundation for the History of the German Jews".

Ein Muss für jeden Liebhaber der Stadt und ihrer maritimen Vergangenheit und Gegenwart ist ein Besuch des Altonaer Museums, das nur wenige Meter von der Skulptur entfernt liegt. Tauchen Sie dort ein in die Geschichte von Schifffahrt und Walfang. Besonders sehenswert sind die Sammlung der Galionsfiguren und die Exponate zur Schifffahrt und Fischerei.

Unweit davon treffen Sie auf dem Platz der Republik auf zwei überlebensgroße Kentauren, die um einen Fisch kämpfen. Diesen nach seinem Stifter Günther Ludwig **Stuhlmann** benannten **Brunnen (7)** entwarf Paul Türpe um 1900. Viel wird über seine Symbolik gerätselt: Warum Pferdemenschen? Warum kämpfen sie um den Fisch? Soll hier die Konkurrenz zwischen Altona und Hamburg dargestellt werden? Vielleicht haben Sie ja eine originelle Lösung für dieses Rätsel.

In der Ferne erhebt sich schon der Warenhausbunker mit Gleisanschluss, aber, wie gesagt, dem zeigen wir die kalte Schulter und biegen links in die Lobuschstraße ein. Nun folgt ein richtiges Gewirr von kleinen und großen Stra-

ßen. Sie sind typisch für Ottensen, ein ehema-
liges Dorf, dessen Entwicklung den alten
Dorfstraßen folgte, deshalb auch die vielen
Ottenser Nasen, Wohnhäuser im spitzen Winkel zweier Straßenzüge erbaut – wie etwa an
der Kreuzung Lobusch- und Klausstraße. Halten Sie sich rechts und biegen in die Bahrenfel-
der Straße ein, dann erreichen Sie bald den
Spritzenplatz, den Kern von Ottensen. Hier
treffen Sie auf die **Ottenser Hauptstraße (8)**, die
mit ihrer Mischung von Cafés und originellen
Läden fast schon südländisches Flair ver-
strömt.

Gehen Sie nun vom Spritzenplatz nach rechts
ein paar Meter Richtung Altonaer Bahnhof.
Schon bald stehen Sie vor dem Eingang des
Einkaufszentrums Mercado, das am 5. Okto-

Wer kämpft
schon um einen
Fisch? Die Ken-
tauren am Stuhl-
mannbrunnen
auf dem Platz der
Republik tun dies
seit über hundert
Jahren.

Quicklebendig:
die Ottenser
Hauptstraße mit
ihren Cafés, Bars
und originellen
Läden

ber 1995 eröffnet wurde nach einer langen
und hitzig geführten Debatte, da das Grundstück einen alten jüdischen Friedhof birgt.

Gehen Sie vom Mercado die Große Rainstra-
ße hinunter und dann über die Zeißtwiete in
die Zeißstraße. Im Hinterhof von Hausnummer 28 wurden bis 1885 Drahtstifte in
der inzwischen denkmalgeschützten Fabrik
Feldtmann hergestellt. Dem Stadtteilarchiv
Ottensen, das hier residiert, ist es zu verdan-
ken, dass die Fabrik samt Einrichtung gerettet
wurde. Die Fabrik ist zu den Öffnungszeiten
zu besichtigen, auf Nachfrage können alte
Maschinen vorgeführt werden. In der Zeißstraße gibt es noch Häuser in der sogenannten
Sahlbauweise, die Sie an ihren dreitürigen
Straßenfronten erkennen.

Nicht weit ist es von hier über die Bahrenfel-
der Straße und den Alma-Wartenberg-Platz
zum kulturellen Zentrum des Stadtteils, das
sich jedoch hinter dicken Fabrikmauern verbirgt – die **Zeisehallen (9)** in der Friedensallee
7–9. Ursprünglich eine Schiffsschrauben-
fabrik, 1856 gegründet, beherbergen sie heute
ein Filmhaus und drei Programmkinos, und in
der ehemaligen Gießerei gruppiert sich um
den alten Schmelzofen das Restaurant Eisen-
stein. Die Umnutzung wurde von zwei
Hamburger Architektenbüros (Dinse-Feest,
me di um, 1986–88) mit viel Gespür für die
alte Bausubstanz exzellent geplant.
Nach einer Pause in einem der vielen in der
Nähe der Zeisehallen liegenden Coffeeshops
gehen Sie über die Bergiusstraße nach links in

Früher wurden
hier Schiffs-
schrauben her-
gestellt. Heute
kann man sich in
den Zeisehallen
Kinofilmen und
kulinarischen
Genüssen hin-
geben oder auch
Kunstobjekte
und Gold-
schmiedearbeiten
bewundern.

die Straße Am Born. Sofort ins Auge fällt der Bagger am Rande der großen Grünfläche, der einst zum bedeutendsten Industrieunternehmen in Ottensen, der Kran- und Baggerfabrik Menck & Hambrock, gehörte. Über die Nöltingstraße erreichen Sie schnell wieder das Herzstück von Ottensen, die Ottenser Hauptstraße mit ihren vielen individuellen Geschäften, Kneipen und Cafés. Wenn es Ihre Zeit erlaubt, können Sie nun durch die Rothestraße zur Elbchaussee zurückspazieren. Genießen Sie dabei den Anblick der mittlerweile hervorragend restaurierten Häuser der Jahrhundertwende. Oder Sie nehmen am Ende der Ottenser Hauptstraße im „Warenhaus mit Gleisanschluss", dem Altonaer Bahnhof, die S-Bahn.

St. Pauli: Überraschendes abseits der Reeperbahn

Das Herz St. Paulis ist natürlich die Reeperbahn, die in den letzten Jahren mit Musical-
Theater, Schmidt Theater, Schmidts Tivoli,
St. Pauli Theater und vielen Diskotheken und
Lounges gewaltig ihr Image vom schmuddeli-
gen Rotlichtquartier zum hippen jungen Fla-
nierviertel aufgebessert hat. Ihren Namen hat
die wohl international bekannteste Straße
Hamburgs von den Bahnen der Reepschläger,
die hier von 1626 bis ins 19. Jahrhundert
Schiffstaue („Reep") aus Hanf herstellten. Die
Anfänge als „sündigste Meile der Welt" reichen in die Zeit vor 1800 zurück. Mit dem
Ausbau des Hafens stieg auch die Anzahl der
Seeleute, die auf der Reeperbahn ihren Vergnügungen nachgingen. Nach wie vor erwacht
das Leben auf dem „Kiez"-Boulevard aber
erst richtig nach Einbruch der Dunkelheit.
Nun, die Reeperbahn kennt ganz Deutschland, aber die Nebenstraßen bieten mittlerweile ebenfalls viele positive Überraschungen.
Wir beginnen den Rundgang ganz entspannt
mit einem Drink an der Bar des **East-Hotels (1)**,
Simon-von-Utrecht-Straße 31. Der Chicagoer
Architekt und Designer Jordan Mozer hat
2004 aus der alten Gießerei Erstaunliches gemacht: Weiße, gerundete Wände mit waben-
ähnlichen Aussparungen und geschwungene
Säulen verleihen dem alten Backsteinbau das
Flair einer mexikanischen Indianer-Siedlung.

Der Backstein außen verrät nichts über das erstaunliche Innere: das East-Hotel, Simon-von-Utrecht-Straße 31

Auch Anklänge an die bis zu fünf Stockwerke hohen Pueblo-Bauten in Colorado und New Mexico werden wach. In der Bar und Lounge erinnern tropfenförmige Gebilde und Reliefs an psychedelische Kunstexperimente der 1970er-Jahre. Seit Kurzem residiert hier auch der **Golfclub St. Pauli**, der immerhin über eine Golf-Lounge und eine Video-Driving-Range verfügt.

Gestärkt und erfrischt durch den Drink starten wir nun ins Viertel.

An der **Ecke Simon-von-Utrecht- und Rendsburger Straße (2)** begegnen Ihnen verschiedene Beispiele einer **Bautypologie** des 19. Jahrhunderts. Direkt an der Ecke steht ein Stiftsgebäude in Backstein, rings herum erheben sich verputzte Bauten mit Neorenaissance-Motiven und

Tue Gutes und rede darüber! Familie Beylings wohltätige Stiftung, Ecke Simon-von-Utrecht-Straße und Rendsburger Straße

schräg gegenüber wieder Reste eines Schulgebäudes in Backstein, Hausnummer 83, heute ein Kindergarten. Seinerzeit hatte man Gebäude nach Bewohnern und Nutzungen bestimmten Typen zugeordnet. Arbeiterwohnungen erhielten einen einfachen Standard, meist nur in Backstein oder als „Terrassen" (Wohnzeilen) im Hinterhof. Die vorderen Bürgerhäuser dagegen galten als gehoben und wurden mit Putz und Giebeln verziert. Nutzbauten wie Schulen und Stifte hingegen bekamen ebenfalls nur „einfachen" Backstein zugewiesen. Das Stiftsgebäude allerdings ist mit seinen schwarz und rot abgesetzten neoromanischen Bögen durchaus aufwendig gestaltet. Man tat eben Gutes und redete darüber, wie die Giebelinschrift bezeugt: „Familie Beylings

Gutes ohne viele Worte: das von Salomon Heine gestiftete Israelitische Krankenhaus in der Simon-von-Utrecht-Straße. Das Gebäude beherbergt heute die Stadtteilverwaltung von St. Pauli, die Klinik befindet sich am Orchideenstieg.

wohltätige Stiftung". Die Fassaden der Bürgerhäuser der Gründerzeit wurden übrigens unter anderem deshalb so aufwendig gestaltet, weil man dadurch zahlungskräftige Mieter anziehen wollte. Erst in den 1920er-Jahren wurde der Backstein vom damaligen Oberbaudirektor Fritz Schumacher zum nordischen Baumaterial schlechthin geadelt und auch für Wohnbauten, öffentliche Einrichtungen und Kontore verwendet.

Anfang des 19. Jahrhunderts sah man das noch anders, wie das ehemalige **Israelitische Krankenhaus (3)** beweist, Simon-von-Utrecht-Straße 4a. Gestiftet hat diesen weiß verputzten Bau der Bankier Salomon Heine, der Onkel Heinrich Heines, 1841 zum Gedenken an seine verstorbene Frau Betty. Das Krankenhaus galt damals als ausgesprochen modern, da die Krankenzimmer alle Tageslicht und frische Luft durch große Fenster erhielten. Darüber hinaus genoss das interkonfessionell geführte Haus dank seiner hervorragenden Ärzte einen ausgezeichneten Ruf. Im Mittelteil wurde eine **Synagoge** eingerichtet. Im Vergleich zu den später, um 1890 errichteten Bürgerhäusern auf der gegenüberliegenden Straßenseite mit ihren stark profilierten Fassaden (wilhelminische Neorenaissance) bleibt die Vorderfront hier zurückhaltend, eine Mischung aus mittelalterlichem Burgenstil und hanseatischem Klassizismus – nicht schlecht als Kontrast auch das „Flugdach" aus den 1950er-Jahren rechts.

Sie gehen nun bis zur nächsten Ecke zurück und biegen links in die Hein-Hoyer-Straße ein. Mit der Hausnummer 44–48 ist noch ein typisches Wohnhaus (um 1820) aus der Zeit des Wiederaufbaus nach der französischen Besetzung erhalten. Die drei Eingänge gehen auf eine mittelalterliche Bautradition zurück, auf **Bude und Sahl (4)**. Über die beiden seitlichen Türen erreichte man im Erdgeschoss die Läden, Werkstätten oder auch Wohnungen (Buden). Hinter der mittleren Tür führte eine Treppe in die oberen Geschosse, in denen sich kleine Wohnungen (Sähle) mit meistens nur zwei Zimmern und einer Küchendiele befanden.

Bude und Sahl: Das älteste Haus auf dem Rundgang befindet sich in der Hein-Hoyer-Straße 44–48. Es wurde um 1820 errichtet.

An der linken Ecke der Hein-Hoyer- und Clemens-Schultz-Straße verbirgt sich unter dem Lieblingswerkstoff der 1950er- und 1960er-Jahre (Eternitplatten) wahrscheinlich ein schönes Jugendstilhaus. Die neben den schrecklichen Platten sichtbaren Pfeiler der Erker scheinen dies zu versprechen. Aber leider ist diese Art der „Sanierung" – vorspringende Giebel abschlagen und Eternit darüberkleben – nicht auf Hamburg beschränkt. Immerhin harmoniert dieses „Design" prima mit dem Outfit des Drogeriemarktes im Erdgeschoss. Doch Sie lassen diese Bausünde links liegen und gehen weiter die Hein-Hoyer-Straße entlang. Rechter Hand kommen Sie an **Small Ville (5)** vorbei, einem Plattenladen und -label: Die gute alte Schallplatte und die Kunst des Cover-

Neue Sounds auf altem Medium: bei Small Ville feiert die Schallplatte fröhliche Wiederauferstehung!

Designs feiern hier ihre fröhliche Wiederauferstehung! Dies liegt nicht nur daran, dass im Zeitalter des perfekten, synthetischen CD-Sounds die leicht knackende Schallplatte einen originären Hörgenuss verspricht, sondern auch am Bedarf der Discjockeys für die Kiez-Diskotheken.

Im Laden nebenan (Hausnummer 52) war das **Sankt Pauli Museum** untergebracht mit einer liebevollen Sammlung aus Rotlichtplakaten und Beatles-Fotos. 2010 hat das Museum endlich neue Räume in der Davidstraße beziehen können. Sie sollten es unbedingt im Anschluss an unseren Rundgang besuchen!

Schräg gegenüber (Hausnummer 57) steht ein wunderschön restauriertes Etagenhaus. Durch eine Baulücke können Sie auch einen Blick auf die Hinterhäuser werfen, in denen es sich heute wieder gut leben lässt – mit neuen Balkonen und Dachgärten. An der nächsten Ecke – beim

Paulinenplatz – kommen Sie nun an einem
sehr speziellen Friseursalon vorbei: Wenn Sie
sich trauen, gestaltet Ihnen hier ein kreativer
Meister Ihre neue Punk-Frisur!

Am Paulinenplatz biegen Sie nun links in die
Wohlwillstraße ein und erreichen die **Jäger-
passage (6)**, Hausnummer 20–28. 1866 errichtet, galt dieser unverputzte Backsteinkomplex
damals als wohnungspolitisches Vorzeigepro-
jekt. Die überfüllten Gängeviertel des alten
Hamburgs mit ihren Labyrinthen aus engen
Straßen und Höfen und mit all ihren sozialen
und hygienischen Problemen führten zur
Gründung einer gemeinnützigen Wohnungs-
baugesellschaft, die verbesserten und bezahl-
baren Wohnraum für kleine Leute anbieten
wollte und aus diesen Gründen die Passage
errichtete. Durch den Torbogen können Sie
zwei der ehemals drei rückwärtigen Flügel
entdecken, die sich dem Hauptbau anschlos-
sen. Unter heutigen Gesichtspunkten mag man
nicht unbedingt an ein Reformprojekt denken,
in den 1860er-Jahren war dies jedoch ein echter Fortschritt. Stellen Sie sich dagegen nur ein
Viertel mit Buden- und Sahlhäusern vor.

Sie biegen nun rechts in die Paul-Roosen-Stra-
ße und entdecken an der nächsten Ecke, Hausnummer 8, ein Haus, dessen Erker mit martia-
lischen Kriegermasken geschmückt wurden.
Zu allem Überfluss tragen die bärtigen Krie-

Jahrhundertelang trennte sie Welten: die Grenze zwischen Altona und Hamburg

gerhäupter auch noch preußische Pickelhauben! Man kann uns Hanseaten ja viel nachsagen, aber preußisch? Niemals! Aufklärung bringt ein Blick auf den Gehweg: Eine Linie mit den Buchstaben H und A markiert die alte **Grenze zwischen Hamburg und Altona (7)**. Erst seit 1937, mit Wirkung des Groß-Hamburg-Gesetzes, gehört Altona zu Hamburg, davor war es eine dänische und nach dem Deutsch-Dänischen Krieg 1864 und dem Deutschen Krieg 1866 eine preußische Stadt. Verfolgen Sie die Linie über die Straße: Diese Grenze hat man auch bei der jüngsten Bebauung freigehalten, um an den alten **Grenzgang** mit Palisadenzaun zu erinnern.

Nach einigen Metern zweigt links die Straße **Große Freiheit (8)** ab. Sie folgen ihr und gehen links in einen alten Gewerbehof, Hausnummer 70, eine Fischräucherei hatte hier viele Jahrzehnte lang ihren Platz. Heute zeugen nur

In den 1970er-Jahren absolut angesagt: die Diskothek Gruenspan in der Großen Freiheit

noch der alte Schornstein und die Fassade davon. Hinter einem neu angelegten Biotop erstreckt sich eine alte, restaurierte **Budenreihe**. Sie gehört zu den wenigen noch erhaltenen Zeugnissen des Wohnungsbaus um 1850.

Es geht weiter die Große Freiheit entlang am **Gruenspan** vorbei mit seiner auffälligen Pop-Fassadenmalerei (leider restaurierungsbedürftig). In den 1970er-Jahren war es die ultimative Diskothek mit für die damalige Zeit sensationeller Lightshow! Im kleinen Indra-Club links neben dem Gruenspan traten übrigens die **Beatles** das erste Mal in Hamburg auf. Ebenso spektakulär wie die Gruenspan-Fassade präsentiert sich etwas weiter der kleine Hof der **St.-Josephs-Kirche**, Große Freiheit 43: eine böhmische Barockkirche in Hamburg! Hier

spielt nun tatsächlich der Straßenname eine Rolle. Mit Großer Freiheit war nicht etwa, wie man heute annehmen könnte, die sexuelle gemeint, sondern es ging um **Gewerbe- und Religionsfreiheit**, die Altona seit 1611/12 zunächst nur in einem räumlich beschränkten Freibezirk zuließ. 1664 erhob König Friedrich III. Altona zur Stadt und gewährte ihr Handels- und Zollprivilegien. Diese Privilegien brachten dann Altona den erhofften wirtschaftlichen Aufschwung. Neben Juden, Hugenotten und Mennoniten ließen sich auch österreichische Katholiken hier nieder. Sie brachten ihren eigenen Baumeister mit und errichteten 1718–23 ihr Gotteshaus. Heute betreut die Kirche die polnische katholische Gemeinde in Hamburg.

Das Amüsierviertel an der Großen Freiheit war das Sprungbrett für die Weltkarriere der Beatles.

Direkt neben der Kirche an der Großen Freiheit
39 befand sich der legendäre **Star Club,** in dem
die Beatles 1962 ihre ersten Erfolge feierten.
Gegenüber der St.-Josephs-Kirche mündet die
Schmuckstraße in die Große Freiheit. Hier sie-
delten sich ab 1890 Asiaten an. Die nahezu
ausschließlich aus Männern bestehende Kolo-
nie zählte 1910 bereits 207 Bewohner. Daraus
entstand Hamburgs **Chinatown,** eine kleine chi-
nesische Stadt mit Restaurants, Wäschereien,
Läden und Opiumhöhlen, bis die Nazis 1944
alle Chinesen zu feindlichen Spionen erklärten
und zunächst ins Gefängnis nach Fuhlsbüttel
brachten und dann ins Arbeitslager „Langer
Morgen" in Wilhelmsburg verschleppten.
Zum Abschluss des Rundgangs gehen Sie über
den **Beatles-Platz** links in die **Reeperbahn.** Leider
hat das Museum Beatlemania bereits 2012 sei-
ne Tore geschlossen. Nach wenigen Schritten
stehen Sie vor einem wiedererrichteten **Grenzkandelaber (9):** Ursprünglich Pfeiler eines Git-
tertores zeugt auch er von der früheren Grenze zwischen Hamburg und Dänemark. Am
Pfeiler erkennen Sie das verschlungene Mono-
gramm des dänischen Königs Christian VIII.
(1786–1848) und die Inschrift „nobis bene".
Auf dem heute nicht mehr vorhandenen zweiten Pfeiler stand die Fortsetzung: „nemini
male" (Was zu unserem Wohl gereicht, kann
niemandem schaden). Kein schlechter Gedan-

Zum Wohle Altonas: Inschrift am Grenzkandelaber auf der Reeperbahn

ke angesichts des Ortes: Das Amüsiergewerbe an der Reeperbahn entstand, weil Hamburg abends „die Schotten dicht machte" (erst 1860 hob man die Torsperre auf). Wer also zu spät kam, den bestrafte nicht unbedingt das Leben, bot doch das „Niemandsland" zwischen Hamburger Millerntor und dänischem Nobistor Vergnügungen aller Art. Und vielleicht hat der eine oder andere die Gewerbefreiheit gegen die engen Hamburger Zunftgesetze genutzt und sich in Altona niedergelassen. Vielleicht sollte man auch die beiden Stadtwappen in diesem Sinn interpretieren: Das Hamburger Stadttor ist verschlossen, während das Altonaer an dem Grenzkandelaber weit geöffnet ist. Dänisches Laisser-faire gegen hanseatische Zugeknöpftheit?

Auf jeden Fall nun viel Vergnügen auf der berühmt-berüchtigten Meile. Ein unbedingtes „Muss": das in der Davidstraße 17 zu findende **Sankt Pauli Museum**. Hier können Sie liebevoll inszeniert Fotos und Objekte sehen, die von der Geschichte und den Geschichten des wohl berühmtesten Vorortes der Welt zeugen.

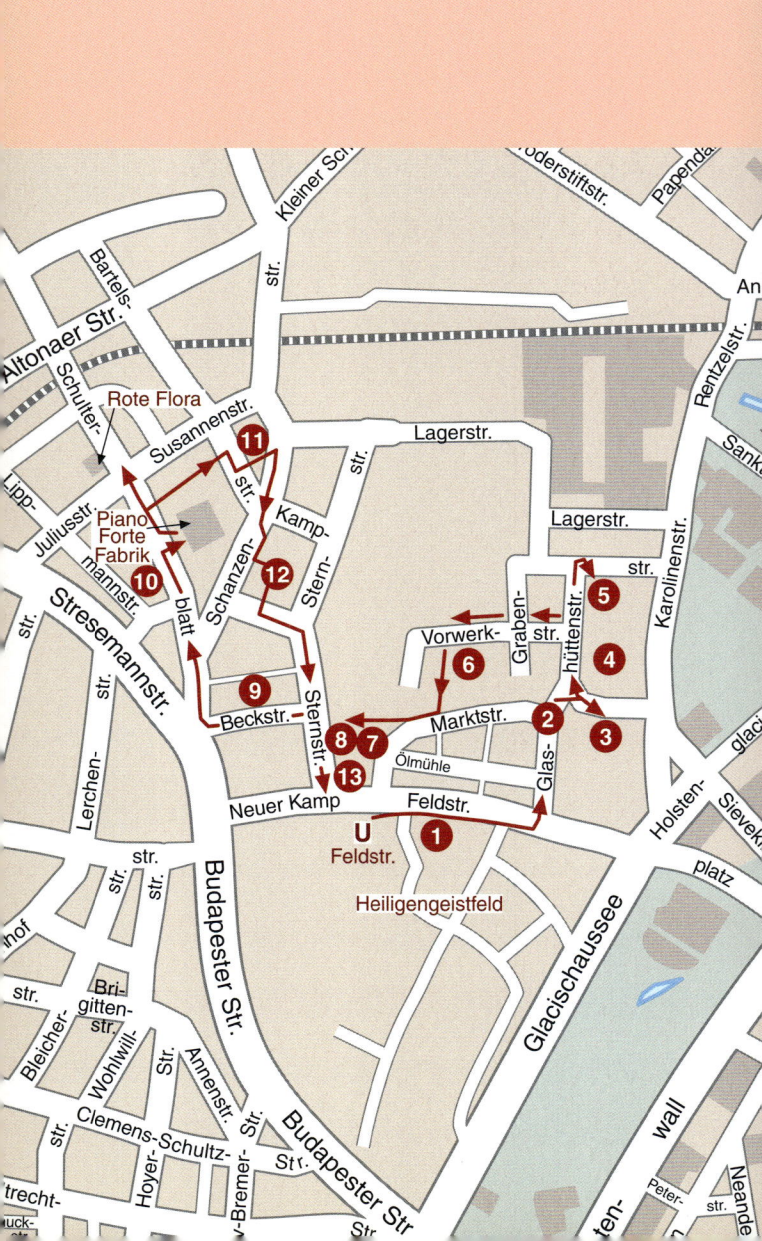

Karolinen- und Schanzenviertel: Vom Autonomenwohnsitz zur Hochburg der Kreativen

Dieser Rundgang führt durch zwei Viertel, die dicht beieinanderliegen und sich in den letzten Jahren kolossal verändert haben. Sie sollten sich für diesen Rundgang Zeit lassen, denn die Eindrücke, die Sie hier sammeln können, sind vielfältig, und neben der Besichtigung vorzüglich sanierter alter Häuser stehen Mode und Shopping auf dem Programm!

Das Karolinenviertel macht den Anfang. Sie beginnen an der **U-Bahn Feldstraße**. Neben dem Ausgang liegt das **Heiligengeistfeld (1)** mit seinem monströsen Bunker aus dem Zweiten Weltkrieg. Noch heute denken viele, auf diesem Platz hätte einst der Hamburger Dom gestanden, weil der hier dreimal im Jahr veranstaltete Jahrmarkt Dom genannt wird. Aber außer Weideflächen für ein Kloster-Hospital gab es weder heilige Haine noch ebensolche Bauwerke. Und den katholischen Dom, er stand in der Altstadt neben der Petrikirche, haben die protestantischen Hanseaten nach seiner Säkularisierung 1803 regelrecht verkauft, Stein für Stein!

Der Jahrmarkt wird in Hamburg Dom genannt, da das erste marktartige Handelstreiben 1329 im oder am Dom stattfand. Der Name des Ortes ging auf die Veranstaltung über und der Handel trat zugunsten der Volksbelustigung in den Hintergrund. Seit dem Ende des 19. Jahrhunderts nutzt man die

Neben der U-Bahn-Station Feldstraße befindet sich der Eingang zum Dom. Der Jahrmarkt findet dreimal im Jahr statt. Der dahinterliegende Hochbunker beherbergt den in der Musikszene angesagten Club Uebel & Gefährlich.

Freifläche des Heiligengeistfelds als Festplatz. Zuvor lernten hier junge Männer beim Exerzieren das „richtige" Gehen. In der Zeit der französischen Besetzung 1813/14 wurde die erste Bebauung am Rande des Feldes für ein freies Schussfeld von den Wällen herab abgerissen.

Aber jetzt erst einmal an den Anfang unseres Rundgangs. Auf der gegenüberliegenden Seite, Feldstraße 39, gibt es einen Hamam, ein schönes türkisches Bad. Vielleicht melden Sie sich dort an, sagen wir in zwei Stunden, zur Entspannung nach getaner Besichtigung?

Nun biegen Sie links in die **Glashüttenstraße** ein und gehen bis zu dem neuen Platz, der durch die Verkehrsberuhigung an der Kreuzung zur **Marktstraße (2)** entstanden ist. Hier schlägt das

Modefieber: die
junge Designer-
Szene in der
Marktstraße

Herz der jungen avantgardistischen **Designer-
Szene**. Wenn es um freche junge Mode geht,
wird heute die Marktstraße in einem Atemzug
mit dem New Yorker Meatpacking District
genannt. Von „Punk" bis exklusiv, von sportlich bis elegant, hier finden Sie alles, was Ihr
Herz begehrt. Stöbern Sie in aller Ruhe in den
Läden und lassen Sie sich von dem ausgefalle-
nen Witz vieler Entwürfe anstecken!
Ein kurzer Abstecher nach links in die Marktstraße lohnt sich. Hier haben sich Läden mit
ausgefallenem Sortiment angesiedelt, zum Beispiel **Lockengelöt**, Hausnummer 119. Hier werden aus alten Schallplatten Obstschalen und
aus Wäschetrommeln Stehlampen angefertigt
und verkauft – ein skurriles Recycling-Design.
Sollten Sie nach dem Shopping-Intermezzo
noch Lust auf Historisches haben, dann gibt es
in der Marktstraße noch mehr zu entdecken:
Hinter dem Torbogen im Haus Nr. 7–9 finden

Originelle Verwandlung von alten Schallplatten: der Laden Lockengelöt, Marktstraße 119, bietet skurriles Recycling-Design.

Sie Überbleibsel der alten Bebauung mit **Gartenhäusern und Buden (3)**. Das kleine weiß verputzte Haus, heute hinter dem Neubau versteckt, gehört noch zur Generation der Gartenhäuser, die das Viertel nach der Franzosenzeit prägten. Die zwei hölzernen Häuserzeilen, die sich anschließen, sogenannte Buden, sind 1842 nach dem Hamburger Brand als Behelfsheime errichtet worden. Heute, vom Verein der Bewohner frisch restauriert, ein idyllischer Ort!

Gehen Sie nun durch den Torbogen zurück und betrachten Sie die Fassaden der gegenüberliegenden Häuser. Nummer 140 ist zweigeschossig mit einfachen, klaren Gliederungen der Fassade (um 1860), links daneben, bei Nummer 136, entwickelt sich die Fassade immer plastischer mit Segmentbogengiebeln (um 1880/90), rechts, Nummer 142, sehen Sie dann ein Haus mit Wellenlinien und floralem

Schmuck (um 1910). Hier können Sie also von einem Punkt aus die unterschiedlichen Baustile erkennen: noch schlicht dem Klassizismus verpflichtet (140), schwelgender wilhelminischer Historismus (136), eleganter Jugendstil (142). Selten hat man wie hier die Möglichkeit, sich von einem Ort aus so viele verschiedene Stilepochen gleichzeitig vor Augen zu führen.

Nun folgen Sie wieder rechts der Glashüttenstraße. Gegenüber einem sehr schön restaurierten Wohnhaus mit vorspringenden Läden zwischen den Eingängen sollten Sie einen Blick durch den sich öffnenden Torbogen werfen, Hausnummer 88. Sie sehen zwei **Terrassenhäuser (4)**, dreistöckige lange Häuserzeilen flankieren eine schmale Passage. In diesen

Hier wurden die Betten nie kalt: In den überbelegten Wohnungen der Terrassenhäuser an der Glashüttenstraße wechselten die Untermieter sich schichtweise mit dem Schlafen ab.

Antike List und moderne Werbestrategie: das Trojanische Pferd der Werbeagentur Jung von Matt

Hinterhof-Quartieren wurden früher die Betten nie kalt. Häufig vermietete man ein Bett an drei Arbeiter, jeweils einen aus der Früh-, der Spät- und der Nachtschicht. Auf engstem Raum lebten hier viele Menschen. Mit dem Namen „Terrasse" müssen die Hanseaten allerdings etwas falsch verstanden haben. Er ist nämlich von dem englischen „terraces" abgeleitet, nur sind noch heute die Londoner „terraces" extrem vornehme Straßenzüge, was man von den Hamburger Terrassen ja nun wirklich nicht behaupten kann.

An unserer nächsten Station, Glashüttenstraße 79, erwartet Sie ein Rätsel: Neben dem großen Backsteinbau, einem um 1907/08 errichteten **Industriehaus (5)**, wie es damals genannt wurde (hier wurden Gewerbebetriebe mit ihren

schweren Maschinen senkrecht übereinander
angesiedelt), finden Sie auf der Brandmauer
des Nachbarhauses ein merkwürdiges Tier: Ist
es eine Giraffe oder ein Esel? Nein, es soll das
Trojanische Pferd darstellen, das die erfolgrei-
chen Werber **Jung von Matt**, die ihre Zelte unter
anderem im Industriehaus aufgeschlagen
haben, uns ganz unbescheiden vor die Augen
stellen. Es enthüllt nämlich den Wahlspruch
ihrer Werbeagentur: „Gute Ideen sind wie das
Trojanische Pferd: Sie kommen attraktiv ver-
packt daher, sodass der Mensch sie gern her-
einlässt. Erst dann entlarven sie ihr wahres
Ziel: Eroberung!"

Mit dem Einzug der Werber nahm auch die
Veränderung des Karolinenviertels rasante
Züge an. Denn Mittagspausen und Feieraben-
de wollen ja auch gepflegt verbracht werden,
in hippen Cafés, multikulturellen Imbissen
oder eben beim Shoppen.

Doch wir wollen die Welt nicht nur als „ewigen Eroberungsfeldzug" interpretieren, denn
es gibt auch angenehme Seiten der Geschichte.
Ein Beispiel für die hanseatische Tradition der
Stiftungen – von dem, was man erobert hat,
sollte man einen nicht unbeträchtlichen Teil
dem Gemeinwesen zurückgeben – finden Sie
in der Vorwerkstraße 21: das **Vorwerkstift (6)**.
Diesen zurückhaltend mit rotem Backstein
und gelbem Klinker gestalteten Bau stiftete

Junge Künstler in altem Haus: Das Vorwerkstift wurde 1866/67 als Alten-Asyl vom Hamburger Kaufmann Georg Friedrich Vorwerk gestiftet.

der Hamburger Kaufmann Georg Friedrich Vorwerk 1866/67 als Alten-Asyl. Heute wird er unter Leitung der Stiftung „Freiraum e. V." als Künstlerhaus genutzt und beherbergt Wohnungen und Ateliers, die befristet an Kulturschaffende vermietet werden. Ursprünglich lag es im Grünen; heute ist nur noch der kleine idyllische Garten erhalten, den Sie rechts am Haus entlang durchqueren. Am Ende des Gartens sehen Sie wieder eine Hinterhofbebauung, die man nun jedoch nicht mehr als Terrasse, sondern als **Schlitzbebauung** bezeichnet: So hoch und so eng nebeneinander stehen die Zeilen, dass Sie sich auch einen einzigen großen Block vorstellen können, in den „Schlitze gestanzt" wurden. Tageslicht in den Erdgeschosswohnungen ist hier Mangelware! Doch bevor Sie den Tordurchgang zur Marktstraße erreichen, drehen Sie sich bitte einmal um: An der linken Häuserzeile wird deutlich, dass

man mit Holz, Wandbegrünung und Dach-
terrassen – also mit Fantasie – der Tristesse
der Nachkriegsbauten architektonisch etwas
sehr Gelungenes entgegensetzen kann.

Durch den Torbogen erreichen Sie wieder die
Marktstraße, von der aus Sie auf einer kleinen
Fußgängerbrücke die U-Bahn-Gleise überqueren. Plötzlich stehen Sie auf einem 2006 neu
geschaffenen Platz, auf der einen Schmalseite
mit tribünenartigen Stufen abgeschlossen. Er
gehört zu dem neuen Hamburger Musikzen-
trum, dem **Karostar (7)**. Das Hamburger und
Florentiner Architektenteam Dalpiaz + Gian-
netti hat dieses Gebäude mit senkrechten
Fensterbändern und gerillten, rotbraunen
Betonplatten als „mediterranen" Kontrapunkt
zum Backstein des benachbarten ehemaligen

Gekonnt insze-
niert: Das moder-
ne Gebäude des
Karostar beher-
bergt Büros für
Firmen rund ums
Musikgeschäft.

Die Passage in der Alten Rinderschlachthalle, kurz Karodiele genannt, verbindet Karolinen- mit Schanzenviertel.

Schlachthofs gekonnt inszeniert. Mit Büros für junge Firmen rund um das Musikgeschäft, Tonstudios und Ladenflächen im Erdgeschoss hat sich der Karostar schon kurz nach seiner Eröffnung zum neuen Stern in der Hamburger Musikszene emporgeschwungen. Übrigens haben die gerillten Betonplatten nicht nur ästhetischen Wert. Sie dienen der Verbesserung der Akustik, denn hier finden kleine Open-Air-Konzerte statt.

Die andere Seite des Platzes begrenzt die **Alte Rinderschlachthalle (8)** von 1911. Der Hamburger **Zentralschlachthof** entstand bereits 1888, nachdem mit der Verbindungsbahn Hamburg-Altona an der Sternschanze 1866 ein großer Vieh-Bahnhof gebaut worden war. Gehen Sie nun in die Alte Rinderschlachthalle. Sie wurde

1997/98 wie so vieles in diesem Quartier mit Mitteln der Stadtentwicklungsbehörde umgebaut. Neben interessanten Läden fand hier auch der erfolgreiche Musikclub Knust sein neues Zuhause. Aus dem ebenfalls hier angesiedelten Existenzgründerprojekt „Etage 21" stammt übrigens die Idee zum Karostar.

An den eisernen alten Säulen in der Mitte der Schlachthofpassage oder Karodiele, wie sie im Viertel heißt, entdecken Sie merkwürdige Winkel. Hieran waren ursprünglich die Schienen befestigt, an denen die Rinderhälften aufgehängt und durch die Halle transportiert wurden.

Es ist übrigens ein böswilliges Gerücht, dass die Hamburger damals die Gerüche der Viecher und ihres Schlachthofs nicht gern „in der Nase" hatten und ihn deshalb an der damaligen Stadtgrenze den Altonaer Nachbarn „vor die Nase" bauten.

Verlassen Sie nun die Schlachthofpassage auf der gegenüberliegenden Seite, so betreten Sie das Schanzenviertel oder genauer gesagt den Stadtteil Sternschanze, wie er seit dem 1. März 2008 offiziell heißt. An der nächsten Ecke passieren Sie rechts eine Buchhandlung, der Sie unbedingt einen Besuch abstatten sollten, denn die Innenarchitektin Nicola Sigl hat sie so eingerichtet, dass man gern dort verweilt und sich Zeit zum Lesen und Blättern nimmt.

Schwere Last aufgebürdet: die Atlanten am Kopfbau der Beckstraße

Dies erreichte sie durch warme Farben und erlesene Materialien, genauso wie durch den runden Tresen, der in seinen Proportionen genau auf ein Schmökern im Stehen abgestimmt ist.

Sie gehen nun rechts um den Buchladen herum, folgen der Sternstraße und biegen nach wenigen Schritten links in die **Beckstraße (9)** ein. Sie ist mit ihren Fassaden wohl eine der schönsten Terrassen Hamburgs. 1898/99 errichtet erstrahlt sie heute wieder mit restaurierten Giebeln und Gesimsen und wird deshalb häufig als Filmkulisse genutzt. Allerdings dürfen dabei die Fensterrahmen nicht in Nahaufnahme gedreht werden, denn diese bestehen aus Plastik – eine Bausünde sondergleichen!

Wenn Sie die Straße passiert haben, drehen Sie sich einmal um und nehmen die weiß verputzten Kopfbauten der Beckstraße in Augenschein: Giebel, Gesimse und Balkone überziehen die Fassaden in einer derartigen Schwere, dass die Atlanten sämtliche Muskeln, die sie besitzen (und das sind nicht wenige!), anspannen müssen, um dieses Dekor (er-)tragen zu können: „Schönster" wilhelminischer Neobarock!

Vielleicht fragen Sie sich, warum man damals so aufwendig die Fassaden gestaltet hat? Einerseits ging es um Repräsentation: Die Häuser wurden als Spekulationsobjekte gebaut, und man musste natürlich Mieter finden. So waren die Fassaden gleichzeitig die Werbeflächen für deren Vermarktung! Wir erinnern uns an das Trojanische Pferd. Andererseits waren Atlanten, Giebel, Konsolen, Gesimse und Reliefs gar nicht so teuer. Um die Jahrhundertwende gab es einen entwickelten Gewerbezweig, der sich ausschließlich mit dem Guss dieser Dekorelemente befasste. So konnte man den Fassadenschmuck per Katalog bestellen und wie ein Werbeplakat an die Mauer „kleben", ganz nach dem Motto „Darf es noch ein Viertel Konsole mehr sein?". Rückseitig blieben die Häuser natürlich kahl, also „vorne hui und hinten pfui!".

Halb rechts blicken Sie in die Straße mit dem

Restaurierung mit viel Gefühl für die historische Substanz: die Pianoforte Fabrik am Schulterblatt 58

merkwürdigen Namen **Schulterblatt (10)**. Er rührt von dem Schulterblatt eines Wales her, das als Aushängeschild einer heute nicht mehr existierenden Wirtschaft diente. Augenfällig wird dabei, warum die Altonaer immer noch glauben, die Hamburger schauten auf sie herab. Hier verläuft nämlich die Grenze zwischen Hamburg und Altona, und die Hamburger Häuser auf der rechten Seite sind schlicht höher. Mehr zu den etwas komplizierten Beziehungen zwischen Hamburg und Altona finden Sie im Rundgang St. Pauli: Überraschendes abseits der Reeperbahn.

Gehen Sie nun die Straße Schulterblatt entlang: Mit der Hausnummer 36 erhebt sich ein lang gestreckter grauer Block. Mit seinen gleichmäßigen Fensterreihen und der vorspringenden Ecke ist er unschwer als klassisch moderne Architektur zu erkennen, wenn auch nicht die beste ihrer Art. Seinerzeit war dieses

Gebäude jedoch eine Sensation, denn hier entstand 1930/31 das **Boarding House des Westens**, das erste Appartementhaus mit Hotelservice nach New Yorker Vorbild. Doch diesem Projekt war kein Erfolg beschert: Als sogenanntes Einküchenhaus (nur eine Küche für alle) wurde es verschmäht, kaum jemand wollte dort logieren („Wat de Bur nich kennt, dat freet he nich"). Bereits zwei Jahre nach Eröffnung musste es zu einem normalen Mietshaus umgebaut werden.

Bei Hausnummer 58 stehen Sie vor der alten **Pianoforte Fabrik** von 1873, einem Backsteinkomplex, dessen Fassade mit klassizistischen Ornamenten sparsam verziert ist. Die beiden Innenhöfe verströmen noch den Charme vergangener Industriearchitektur mit ihren Rundbogenfenstern und Eisensprossen. Die Architekten Clasen + Coldewey restaurierten die Gebäude 1997 behutsam und mit viel Gefühl für die historische Substanz. Auch die Beibehaltung der alten Bezeichnung für diesen Gebäudekomplex (Werkhalle, Maschinenhalle, Remise) trägt zur historischen Aura bei.

Zurück auf dem Schulterblatt können Sie an der nächsten Kreuzung schräg gegenüber einen Blick auf die etwas verfallene, aber knallbunte Fassade der berühmt-berüchtigten „Roten Flora" werfen. Das Gebäude war 1888 als Tivoli-Theater erbaut, dann in Con-

certhaus Flora und schließlich in Flora-Thea-
ter umbenannt worden. Bis 1952 wurden hier
Vorstellungen gegeben. Lediglich in den
Kriegsjahren hatte es als Lagerungsort für
Möbel von ausgebombten Hamburgern
gedient. Bis 1964 beherbergte es ein Kino mit
800 Plätzen, dann übernahm das Warenhaus
1000 Töpfe das Gebäude. 1000 Töpfe räumte
1987 das Feld, da der Musical-Produzent
Friedrich Kurz das Haus zum Musical-Thea-
ter umbauen wollte, um dort das „Phantom
der Oper" aufzuführen. Doch jetzt war der
Widerstand der Anwohner und der Gewerbe-
treibenden sowie autonomer Gruppen
geweckt. Sie fürchteten steigende Mieten und
unbezahlbare Geschäftspachten. Zahlreiche
Aktionen, auch Anschläge auf die Baustelle,
führten schließlich dazu, dass die Investoren
das Musical-Projekt an dieser Stelle aufgaben
und die „Neue Flora" quasi um die Ecke, an
der Stresemannstraße, errichteten. Da war
allerdings schon der größte Teil des Flora-
Theaters abgerissen. Lediglich der Eingangs-
bereich stand noch. Ein Jahr blieb das Restge-
bäude leer, dann wurde die „Rote Flora" mit
einem sechswöchigen Nutzungsvertrag offiziell eröffnet, um dann am 1. November 1989
für besetzt erklärt zu werden. Seitdem wird
das Gebäude als kultureller und politischer
Treffpunkt genutzt und ist längst zu einer

festen Institution geworden, die das Bild des
Stadtteils mit geprägt hat.

Die wechselvolle Geschichte des Gebäudes im
Blick, können Sie sich jetzt gern in einem der
vielen Straßencafés und Restaurants eine kleine Pause gönnen. Genießen Sie den multikulturellen Charme dieser Ecke! Wie international es hier zugeht, können Sie an der Vielzahl
der Küchen erkennen. Köche aus Pakistan,
China, Japan, Portugal, Italien, Spanien, der
Türkei und Griechenland verwöhnen hier
gern Ihren Gaumen.

Weiter geht es durch den Torbogen, der sich
unmittelbar nach der Pianoforte Fabrik öffnet, zwischen Hausnummer 60 und 62. Sie
durchqueren den lauschigen Minipark mit
Spielplatz – an dessen Ende Sie links über die
Mauer hinweg einen Blick auf idyllisch restaurierte Terrassenhäuser werfen können – und
sind nun in der Bartelsstraße, in der Nummer
55 war übrigens der „Rote Hof", ein Zentrum
der Hamburger Arbeiterbewegung und des
Widerstands gegen den Nationalsozialismus.

In der Bartelsstraße 12 stehen Sie vor der
Rückfront des alten Kontor- und Industrie-
hauskomplexes von **Montblanc (11)**. Diese
berühmte Firma, die exzellente Füllhalter her-
stellt, hatte hier bis 1986 ihren Sitz, dann zog
das Unternehmen nach Lurup um. Heute ist in
dem mit breiten Fensterachsen strukturierten

Volkshochschule mit noblem Logo (rechts oberhalb der Hausnummer): der ehemalige Firmensitz von Montblanc in der Schanzenstraße 77. Das Unternehmen zog 1986 nach Lurup.

Hinterhaus das Hotel Schanzenstern zu finden. Das zum Hotel gehörende Restaurant befindet sich im ehemaligen Umkleideraum von Montblanc und hat im ersten Innenhof eine lauschige Außenfläche, in der man abseits des Trubels gemütliche Sommerabende verbringen kann. Im zweiten Innenhof befindet sich das Kino 3001, ein Ort für Programmfilme, die fürs Abaton-Kino zu klein und fürs Metropolis zu neu sind. Zu seinem Namen ist das Kino laut Gründervätern so gekommen: „In Deutschland gibt es 300 000 Bankfilialen, 30 000 Tankstellen und 3000 Kinos."

Auf der **Schanzenstraße** angelangt können Sie nun das berühmte Montblanc-Logo, die stilisierte Spitze des Alpenbergs gleichen Namens, im Sandsteinportal bewundern, Hausnummer 77. So mancher wird lange sparen müssen, bis er mit Morgenstern sagen kann: „Vor einem Diebstahl ist mir nicht

bang, ich trage alles, was ich besitze, Novellen, Gedichte und Witze, bei mir in meinem Montblanc!"

Mit dem gegenüber auf der anderen Straßenseite beginnenden Karree haben Sie nun das **Laue-Viertel (12)** erreicht. Hier verbreitete früher vom Hinterhof aus die Gewürzmühle Laue ihre Düfte, sodass man ständig Appetit auf Currywurst bekam. Ende der 1980er-Jahre verließ Laue den Standort und hinterließ ein zum Teil völlig heruntergekommenes Quartier aus unsanierten Gewerbebauten und Wohnhäusern. Erst einige Hausbesetzungen schufen den nötigen politischen Druck, um eine Sanierung in Gang zu setzen. Das Architekturbüro nhm bekam nicht nur den Auftrag für eine den gewachsenen Strukturen des Viertels angemes-

Moderne Architektursprache inmitten alter, schön sanierter Fassaden findet man im Laue-Viertel.

sene Sanierung und Neubebauung, es zog auch selbst in das Viertel, um „Flagge zu zeigen". Denn die Sanierung hatte mit erheblichen Vorbehalten der Hausbesetzer-Szene zu kämpfen, die nicht nur verbal, sondern leider auch handfest vorgetragen wurden. Doch es wurde kein Anwohner vertrieben, und 85 Prozent der sanierten und neu gebauten Wohnungen entstanden mit öffentlicher Förderung, das heißt, auch die Mieten blieben erschwinglich.

Wie gut sich die Neubauten, zum Beispiel Ecke Schanzen-/Kampstraße, in den alten Bestand einfügen, können Sie selbst beurteilen: Farbiger Putz setzt markante Akzente, die kleinteilige Struktur der alten Häuser wird durch Verwendung unterschiedlicher Materialien aufgegriffen und modern neu formuliert. Ein gelungener Wurf!

Durch den Torbogen zwischen den Hausnummern 36 und 34 der Schanzenstraße gehen Sie in den Hinterhof und stehen vor der ehemaligen Pianofabrik **Steinway & Sons**. Die Ursprünge des traditionsreichen Unternehmens liegen übrigens in Deutschland. 1836 baute der Tischlermeister und Klavierbauer Heinrich Engelhard Steinweg seinen ersten Flügel in Seesen. Nachdem er 1850 mit seiner Familie in die Vereinigten Staaten von Amerika ausgewandert war, änderte er seinen Namen in Henry Engelhard Steinway.

Hier haben die nhm-Architekten im Ober-
geschoss 1995 ihr Büro eingerichtet. Die Eröffnungsfeier musste abgesagt werden, weil die
Polizei nicht für die Sicherheit gegen Angriffe
aus der Besetzer-Szene garantieren konnte.
Auch eine Brandstiftung war zu überstehen!
Mittlerweile hat sich die Szene jedoch beruhigt
und die sozialen wie architektonischen Lösun-
gen des Büros sind allseits anerkannt.

Sie verlassen den Hof durch den Torbogen
rechts und gehen links die Ludwigstraße entlang. Gegenüber der Durchfahrt zeugen Huf-
eisen an einem alten Holzhaus von dessen
ursprünglicher Nutzung als Hufschmiede.
Gegenüber dem alten Schulgebäude, die Eingänge fein säuberlich nach Geschlechtern
getrennt, steht das farbigste Gebäude der nhm-
Architekten, Hausnummer 8: Hier fanden die
Hausbesetzer ihre „gutbürgerliche" Bleibe.

Den wenigsten ist bekannt, dass auf dem
Gelände der Grundschule Ludwigstraße (zwischen Ludwigstraße und Augustenpassage) der
Tierhändler Carl Hagenbeck 1874 seinen Tierpark eröffnete (vorher hatte er seine Menage-
rie am Spielbudenplatz betrieben, dort war es
jedoch zu klein geworden). Die exotischen Tiere kamen am Bahnhof Sternschanze an und
wurden dann durchs Viertel zum Tierpark
geführt, bestimmt sehr zur Freude der Kinder.
Die Bewohner der Augustenpassage hatten,

Monumentaler Auftakt am Schlachthof: der Stürzende Stier. Die Original-Skulptur wurde 1935 von Hans Martin Ruwoldt geschaffen, diese hier ist eine Kopie.

zumindest vom oberen Stockwerk aus, immer freie Sicht auf die Tiere. Auch die umstrittenen „Völkerschauen" fanden hier statt.

Sie biegen wieder rechts in die Sternstraße ein: In den alten Schlachthofgebäuden finden Sie heute **modernes Möbeldesign**. Weiter geht es links um den Buchladen herum und rechts an der Alten Rinderschlachthalle entlang. Hier haben die **Schlumper**, ein Kunstprojekt mit behinderten Menschen, ihre Heimat gefunden. Unser Rundgang endet unter der monumentalen Skulptur **Stürzender Stier (13)**, einer Kopie des 1935 vom Bildhauer Hans Martin Ruwoldt gestalteten Originals, die früher den Haupteingang des Schlachthofes zierte.

Sollte so viel Viecherei Ihren Appetit angeregt haben, dann gehen Sie eine kleine Strecke zurück: In der **Schlachterbörse**, am Ende der Kampstraße, gibt es das beste Steak der Stadt!

St. Georg:

Lebens- und liebenswert

In diesem Stadtteil Hamburgs wird 2016 ein denkwürdiges Jubiläum begangen: 50 Jahre **ohne** Alsterzentrum! Es ist schon merkwürdig, etwas zu feiern, das nie gebaut worden ist. Doch ein Blick in die damalige Presse lässt einen heute nur noch ausrufen: Gott sei Dank! „St. Georgs Zukunft – Fortschritt oder Alptraum?" titelte 1966 etwa das „Hamburger Abendblatt" und stellte die Pläne der gewerkschaftseigenen „Neuen Heimat" vor, die eine Hochhauslandschaft in gigantischen Ausmaßen für den Stadtteil vorsah. Bis zu 62 Stockwerke und damit etwa 200 Meter hohe Wohntürme sollten dem damals mehr als sanierungsbedürftigen Stadtteil eine neue Silhouette verleihen. An dieser riesigen Gesamtanlage lobten die Stadtplaner die Konzentration aller Funktionen an einem Ort: Straßenverkehr unter der Erde, Fußgängerzonen, Einkaufszentren und Büros in den ersten zehn Stockwerken, darüber Wohnungen. Betont wurde der besondere Reiz der Wohnungen. Durch die Terrassenform könnten in luftiger Höhe kleine Gärten gestaltet werden, begründeten die Architekten ihren Entwurf. Die Nähe zur Innenstadt galt ebenfalls als Qualitätsmerkmal. Ein Verkehrsplaner entwarf flugs eine 100 Meter breite Fußgängerbrücke vom neuen Super-Zentrum zum Hauptbahnhof und zur Innenstadt mit Grün-

anlagen und Fußgänger-Förderbändern, die
einen U-Bahn-Anschluss ersetzen sollten.
Arbeiten und Wohnen wieder näher zusam-
menzuführen, dies galt auch damals schon –
nach den Erfahrungen mit den US-amerikani-
schen Schlafstädten auf der grünen Wiese – als
ein positives Ziel der Stadtplanung. Nur hatten
sich die Planer der 1960er-Jahre eindeutig in
den Maßstäben vergriffen: Das Alsterzentrum
hätte die gesamte Innenstadt erdrückt und die
Alster zur Pfütze degradiert. Jahrelang stritt
man nun vortrefflich über das Großprojekt:
Die Kritiker entsetzte die „Gigantomanie", die
Befürworter forderten „Mut zum Fortschritt".
Im Verlauf dieser Diskussionen wurde dann
die Höhe des Alsterzentrums auf 30 Stockwerke begrenzt und der Baubeginn auf 1972 fest-
gelegt. Doch je näher dieses Jahr rückte, desto
weniger las man in der Presse über das sogenannte Jahrhundertprojekt. Man trieb bereits
eine neue Sau durchs Dorf: das Jahrhundert-
bauwerk Billwerder-Allermöhe, ein „Grach-
tendorado" und „Mammut-Venedig", das
übrigens zum Glück viel bescheidener ausfiel,
als von der „Neuen Heimat" geplant.
In St. Georg jedenfalls ist man bis heute glück-
lich über die stillschweigende Beerdigung des
Alsterzentrums und genießt die bunte
Mischung und kulturelle Vielfalt des Stadtteils:
Auf der Langen Reihe, dem Herzen St. Georgs,

pulsiert das Leben, trendige Läden und Straßencafés bestimmen die Szene. Auch eine quirlige Gay-Community hat sich hier entwickelt. Lange Jahre hindurch blieb St. Georg jedoch ein Problem: Zwischen Hauptbahnhof und Hansaplatz entwickelte sich eine Rotlicht- und Drogenszene, die viele Hamburger dazu veranlasste, dieses Viertel zu meiden oder einen Besuch auf den Weg vom Hauptbahnhof zum gegenüberliegenden Deutschen Schauspielhaus zu begrenzen. Aber die Diskussion um das Alsterzentrum hatte auch eine positive Seite: St. Georg war der erste Stadtteil, in dem das neue Planungskonzept „Stadtreparatur in kleinen Schritten" realisiert wurde. Nicht Kahlschlag, sondern Sichern und Entwickeln des Bestands haben seither Vorrang und führten gerade in dem damaligen Entwicklungsgebiet zwischen Langer Reihe und Alster zu überraschenden Ergebnissen: Hier entstand eines der begehrtesten Wohngebiete Hamburgs, zentral, aber ruhig gelegen – und manchmal richtig idyllisch. Leider gehört dieser Teil des Viertels mittlerweile auch zu den teuersten. Die andere Seite des Quartiers, zwischen Hansaplatz und Steindamm, harrt immer noch ihrer Reparatur. Hier stoßen Lebenswelten aufeinander: die Drogenszene auf das Rotlichtmilieu, die Schwulen auf die Intoleranten. Man wird noch einen langen Atem brauchen,

Das Deutsche
Schauspielhaus
an der Kirchen-
allee wurde 1900
mit damals sen-
sationellen 1831
Plätzen eröffnet.
Heute ist es mit
fast 1200 Plätzen
die größte deut-
sche Sprech-
bühne.

bis gegenseitiges Verständnis und Toleranz
diesen Teil St. Georgs ebenso auszeichnen wie
jenen zwischen Langer Reihe und Alster, den
Sie nun durchwandern können.

Der Rundgang beginnt verkehrsgünstig am
Hauptbahnhof, Ausgang Kirchenallee: Gegenüber erblicken Sie das schmucke, weiße **Deutsche Schauspielhaus** (**1**), Kirchenallee 39, das
1900 eröffnet wurde und mit seiner Mischung
aus Renaissance- und Barockformen einen
hochherrschaftlichen Eindruck verbreitet. Die
es heute einzwängenden Hotelkomplexe wurden erst einige Jahre später im Zuge des
Hauptbahnhofbaus (1906 eröffnet) errichtet.
Theaterbegeisterte Hanseaten hatten extra
zwei Wiener Spezialisten mit dem Bau beauf-
tragt und zur Finanzierung eine Aktiengesell-

schaft gegründet. Mit seinen damaligen 1831 Plätzen gehörte es schon damals zu den größten Sprechbühnen Deutschlands. Allerdings wollten diese Plätze auch gefüllt werden. Die ersten Programme waren daher recht populär ausgerichtet. Berühmt wurde das Theater während der Intendanz von Gustaf Gründgens (1955–63). Seine Faust-Inszenierung ging als „Hamburger Faust" in die Geschichte ein. Auch danach fanden die Intendanzen von Egon Monk, Ivan Nagel, Peter Zadek und Frank Baumbauer überregionale Beachtung. Heute genießt das Schauspielhaus gerade unter jungen Theaterbesuchern einen sehr guten Ruf, zu dem vor allem die Aufführungen im Malersaal beitragen, einer experimentellen Bühne, die jungen Schauspielern neue Möglichkeiten der Darstellung bietet. Doch über alle Inszenierungen wird natürlich heftig gestritten. Wie könnte es auch anders sein im konservativen Hamburg.

Folgen Sie nun der Kirchenallee und überqueren Sie die Plätze Spadenteich und St. Georgs Kirchhof. Auch die Bäume helfen hier nicht viel, die beiden Plätze sind ein öder Parkplatz. Doch in der St. Georgstraße 5–7 werden Sie entschädigt: Zwei kleine rotbraune Fachwerkhäuser umschließen einen Durchgang zum **Kattenhof (2)**. Durch das Gitter, das den Durchgang verschließt, können Sie einen Blick auf

Der Kattenhof in St. Georg mit seiner rotbraunen Fachwerkfassade erinnert an die alten Gängeviertel, in denen die Hamburger Arbeiterschaft lebte.

dieses idyllische Ensemble aus der Zeit um 1830 erhaschen. Stellen Sie sich die ganze Straße bebaut mit solchen sogenannten Buden- und Sahlhäusern vor, und Sie haben ein Bild von den alten hanseatischen Gängevierteln. Allerdings lebte es sich in diesen eng bebauten Wohnquartieren der Arbeiterschaft mit den oft baufälligen Fachwerkhäusern mehr schlecht als recht. Die sanitären Verhältnisse waren so katastrophal, dass hier seit 1831 mehrfach Cholera-Epidemien ausbrachen. Die letzte große Seuche von 1892 forderte über 8600 Tote.

Wir begeben uns nun zurück auf den Platz St. Georgs Kirchhof und treffen dort auf „Alteisen". Sie vermuten richtig: ein Kunstwerk. Eine kleine Beschriftung täte dem Verständnis

Den verstockten Räuber am Kalvarienberg holt der Teufel. Dessen Kralle packt soeben seinen Haarschopf.

des Werks ganz gut, denn mit den **24 Stelen** hat der Künstler Horst Hellinger 1986 nicht beliebiges Blech aufgestellt, sondern Wrackteile gesunkener Schiffe. So erinnert jedes Teil an ertrunkene Seeleute und an den Schmerz der Hinterbliebenen.

Hinter diesem Kunstwerk erhebt sich ein weiteres, der **Kalvarienberg (3)** von St. Georg, der an die biblische „Schädelstätte" Golgatha erinnert (lateinisch calvaria – Schädel). Bis 1831 bildete diese bronzene Kreuzigungsgruppe (um 1500) den Endpunkt eines Passionsweges. Dieser begann am alten Dom neben der Petrikirche (nach 1803 abgerissen). Christus am Kreuz wird beweint von Maria und dem Jünger Johannes, daneben winden sich die zwei Schächer (Räuber) unter Schmerzen an

Elegant, aber etwas schmächtig kämpft der Heilige Georg mit dem Drachen. Die Skulptur von Gerhard Marcks steht vor der Dreieinigkeitskirche.

ihren Kreuzen. Wunderschön die Darstellung von Schuld und Sühne. Dem reuigen Räuber zur Rechten Christi wird vergeben, ein Engel trägt seine Seele in Form einer kleinen Figur in den Himmel, den verstockten linken Schächer jedoch holt der Teufel, dessen Kralle gerade seinen Haarschopf packen will. Diese Gruppe ist allerdings nur eine Kopie: Das Original steht nicht weit entfernt in der Turmkapelle der Dreieinigkeitskirche von St. Georg.

Im Mittelalter siedelte die Stadt hier vor ihren Toren ein Lepra-Hospital an, dessen alte Spitalskapelle später zur **Dreieinigkeitskirche (4)** als Pfarrkirche des neuen Stadtviertels erweitert wurde. Den heutigen Bau mit seinem schön geschwungenen barocken Turm errichtete 1743–47 einer der beiden Michel-

Baumeister, Johann Leonhard Prey. Von der im Krieg völlig ausgebrannten Kirche wurde nur der Turm wiederaufgebaut, das Kirchenschiff erhielt in den 1950er-Jahren eine moderne Form, bewusst minimalistisch aus Beton und Glas gestaltet.

Im Kirchhof begegnet Ihnen endlich der Drachentöter, der dem Stadtteil seinen Namen gab: der **Heilige Georg**. Doch der schmale Hänfling auf dem schweren Pferd scheint kaum in der Lage, einem Drachen die Lanze in den Leib zu rammen. Vielleicht wollte der Bildhauer Gerhard Marcks (1899–1981), der die Skulptur 1958 schuf, die geistige Haltung Georgs gegen die Versuchungen des Teufels hervorheben und nicht die heldenhafte Tat.

Vor dem Turm finden Sie im Boden eingelassen kreuzförmig angeordnete Pflastersteine mit den Namen an Aids gestorbener Menschen. Ein Mahnmal, das gleichzeitig hinweist auf das Engagement der Kirchengemeinde bei der Betreuung der Drogensüchtigen und Strichjungen vom Hauptbahnhof. Bewundernswert, dass die Gemeinde sich diesem Problem stellt und nicht, wie viele andere, wegguckt!

Nun geht es weiter links in die Straße namens Koppel. Bei der Hausnummer 17 scheint eine mittelalterliche Festung aus dem Boden gewachsen zu sein: das **August-Heerlein-Stift (5)**. Im Gedenken an ihren verstorbenen Ehemann

Schmiedeeiserne
Blüten für christ-
liche Witwen und
Jungfrauen zieren
das Eingangs-
gitter am August-
Heerlein-Stift.

und Vater ließen seine Frau und seine Tochter
1893 diesen gelben Klinkerbau mit seinen
neoromanischen und neogotischen Formen
auf dem Familienbesitz errichten für, wie es
hieß, „unbemittelte christliche Witwen und
Jungfrauen aus gebildeten Kreisen".

An einer Brandmauer rechts neben dem Stift
prangt ein rätselhafter Schriftzug: „Wasser-
scheide (Lonhin) – Inn (Schwarzes Meer) –
Julia (Nordsee) – Maria (Adriatisches Meer)."
Die Schweizer Besitzer des aus mehreren Häusern bestehenden **Hotels Wedina (6)** wandern
gern und haben ihren Lieblingsort, eine Was-
serscheide in den Alpen, hier verewigt. Dieses
Hotel müssen Sie gesehen haben! Die Rezep-
tion liegt an der Gurlittstraße 23. Das freund-
liche Personal lässt Sie gern durch das Gebäu-

de in den Hof, eine einzigartige grüne Oase mitten in der Großstadt! Darüber hinaus fördert das Hotel das Literaturhaus Hamburg: Alle Autoren, die dort lesen, wohnen hier umsonst; sie werden nur gebeten, ein signiertes Buch der Hotelbibliothek zu überlassen. So können Sie am Eingang im Bücherregal stöbern und die „Creme de la Creme" des aktuellen Literaturbetriebs kennenlernen.

Beim Verlassen des Hotels schenken Sie den Fassaden der Stadthäuser mit ihrem Biedermeiercharme Ihre Aufmerksamkeit. Besonders erwähnt sei in der Gurlittstraße die **Hausnummer 17 (7)**: Hier hat das Denkmalschutzamt eine rühmenswerte Sonderregelung eingeräumt: Ein kleiner spitzer Balkon durchbricht die Trauflinie des Hauses, damit die Bewohner

Diese herrlich grüne Oase inmitten der Großstadt befindet sich im Innenhof des Hotels Wedina.

Die barocke
Deckenmalerei
im „Nähmaschi-
nenhaus" in der
Langen Reihe 61
wurde 1987
zufällig bei einer
Sanierung ent-
deckt.

einen Blick die Straße hinunter auf die Alster
werfen können.

Sie kehren nun der Alster den Rücken und
gehen die Gurlittstraße hinauf bis zur **Langen
Reihe,** in die Sie links einbiegen. Ihren Namen
verdankt die Straße einer Bestimmung, nach
der ursprünglich nur auf der Seite zur Alster
eine Bebauung zugelassen war, die Häuser sich
also auf der linken Seite „aufreihten". Mit dem
„Nähmaschinenhaus", Lange Reihe 61, entdecken Sie das älteste Gebäude des Viertels, ein
Fachwerk-Gartenhaus (8) von 1621! Allein die
bemalte barocke Decke im zweiten Stock lohnt
die Anmeldung für einen Nähmaschinen-Kurs!
Doch die freundlichen Inhaberinnen zeigen
Ihnen auch so gern die kostbare Decke. Übrigens hat man diesen Schatz erst 1987 „geho-

ben", als bei einer Grundsanierung die abge-
hängten Decken entfernt wurden.

Wenn Sie Lust auf einen kleinen Abstecher ins
Reich der Düfte haben, lohnt sich ein Besuch
des Ladens Kräuterhaus-Hamburg – gehen Sie
ein Stück zurück und biegen Sie rechts in die
Gurlittstraße ein, dann die erste Straße links
(Koppel) bis zur Hausnummer 34. Der Kräu-
terladen hat es mit seinem Verkaufsschlager,
Kunststoffraben zur Taubenabwehr, zu einiger
Berühmtheit gebracht.

Zurück in der Langen Reihe, biegen Sie nun
rechts in die Danziger Straße ein. Nach wenigen Metern öffnet sich linker Hand ein Platz,
auf dem eine große, doppeltürmige Backstein-
kirche in den Himmel ragt: der „neue" **Mariendom (9)**. Er wurde 1893 als erste katholische
Kirche nach der Reformation in Hamburg in
neoromanischem Stil errichtet. Den Status
„Dom" erhielt die Kirche jedoch erst 1995 bei
der Wiederbegründung des Erzbistums Hamburg. Die Fassade mit ihren regelmäßigen
Bögen, in den Türmen zum Teil durch weißen
Putz hervorgehoben, gibt dem Platz seine
besondere Ausstrahlung – eine ruhige, zur
Besinnung einladende Oase im ansonsten lau-
ten und quirligen Viertel. Im Inneren sticht aus
der mehrfach überarbeiteten Ausstattung das
goldene Apsismosaik besonders hervor: Auf
speziellen Wunsch des Vatikans wurde hier

Im protestanti-
schen Hamburg
fast unbekannt:
der katholische
Mariendom an
der Danziger
Straße, 1893 im
neoromanischen
Stil errichtet.

eine „Maria assumpta", also die Darstellung
von Mariens Aufnahme und Krönung im
Himmel, nach römischem Vorbild (Santa
Maria Maggiore) gestaltet.

Nun geht es zurück zur Langen Reihe. Auf der
gegenüberliegenden Seite, Lange Reihe 67,
tragen muskelbepackte Atlanten schwer an
der Last der Balkone und Giebel eines grün-

derzeitlichen Etagenhauses. Sie kennen sie bereits von unserem Rundgang durch das Schanzen- und Karolinenviertel: Auch dort stöhnten sie unter der Last der wilhelminischen „Dekorationswut". Offensichtlich hatte der Katalog des Gipsgießers viele Freunde in der Hansestadt!

Im Nachbarhaus, Lange Reihe 71, kam übrigens Hans Albers zur Welt, der Schauspieler und Sänger („Auf der Reeperbahn nachts um halb eins"), dessen Rolle im Film „Große Freiheit Nr. 7" ihn zum Star im Nachkriegsdeutschland machte.

Ein kleiner Abstecher die Lange Reihe hinauf zur Hausnummer 107 lohnt sich: In der **Turnhalle (10)**, früher tatsächlich eine Schulturnhalle (1889), heute ein im minimalistischen Design

Gepflegter Lunch statt schweißtreibender Sport: das Restaurant Turnhalle, Lange Reihe 107

Kunst und Kunsthandwerk im Hinterhof: Koppel 66, eine ehemalige Maschinenfabrik, beherbergt zahlreiche Ateliers und Werkstätten. Sehr beliebt sind die Verkaufsausstellungen im Frühjahr und Advent.

von Frank Theurkauf eingerichtetes Restaurant, lässt sich eine gepflegte Pause einlegen.

Nun geht es wieder in die inzwischen verkehrsberuhigte „Hauptstraße" St. Georgs, die Lange Reihe, zurück. Bei der Hausnummer 75 durchqueren Sie den Torbogen und gelangen zur ehemaligen Maschinenfabrik Koppel 66 aus dem Jahre 1924. Auch sie sollte der radikalen Stadtplanung weichen, doch das Umdenken rettete dieses Gebäude: Seit 1980 firmiert es als **Haus für Kunst und Handwerk (11)**, in dem bis heute aktueller Schmuck, Schreibgeräte, Möbel und vieles mehr auf höchstem Niveau angeboten werden.

Bei der **Apotheke (12)**, Lange Reihe 39, kämpft endlich ein „echter" Ritter mit einem wirklich gefährlichen Drachen. Gemeint ist das Apo-

thekenzeichen, die Figur des Heiligen Georg (Original im Treppenhaus).

Ein weiterer Georg kann am **Handelshof**, Lange Reihe 29 (1913/14, Architekt: Fritz Höger) bewundert werden. Er hat den Drachen bereits besiegt und lässt sich mit erhobenem Schwert feiern.

In der Langen Reihe am Carl-von-Ossietzky-Platz findet sich eine weitere Hamburger Besonderheit, eine ehemalige Blumenröhre. Gemeint ist die alte Litfaß-Reklamesäule, die sich durch eine Tür und eine Verkaufsklappe auszeichnete: ein alter Blumenladen! Früher verkaufte hier die Blumenhändlerin Marianne Blask ihre Chrysanthemen – auch Hans Albers war ihr Kunde. Als man 1992 ihrem Nachfolger kündigen wollte, drohte dieser mit der

Noch mitten im Kampf gegen das Böse: der Heilige Georg als Apotheken-„Schild" in der Langen Reihe 39

Der Heilige Georg am Handelshof, Lange Reihe 29, hat seinen Drachen bereits besiegt.

Sprengung der Säule. Die Stadt wechselte daraufhin das Schloss aus. Erst im Dezember 2008 wurde die Blumenröhre wieder geöffnet und man fand noch vertrocknete Blumen und eine Morgenpost vom 25. November 1992. Leider ist dieses „Stück kreisrunder Gemütlichkeit" nicht wieder reaktiviert worden. Dennoch ist es nun die erste und eine historisch wertvolle Stadtteilsäule in Hamburg, zumal 1300 Säulen abgerissen und durch moderne „City-Light-Säulen" ersetzt werden. Muss denn alles modern werden?

Zum Abschluss des Rundgangs sollten Sie nicht das originelle Sortiment des **Lagerhauses**, Lange Reihe 27, verpassen und die erhaltenen originalen Jugendstil-Kacheln in dieser ehemaligen Schlachterei bewundern.

Jüdisches Leben am Grindel:
Rund um die Universität

Heute prägt die Hamburger Universität mit ihrem Campus das Viertel, dessen Name Grindel wahrscheinlich von der gleichlautenden früheren Bezeichnung für mooriges, mit Buschwerk bewachsenes Gelände herrührt. Als der Uni-Campus mit der feierlichen Eröffnung des Auditorium Maximum (Architekt: Bernhard Hermkes) 1959 eingeweiht wurde, spielte ein Gedenken an die besondere Vergangenheit des Viertels keine Rolle: Hier hatte sich das Zentrum jüdischen Lebens in Hamburg befunden. Bürgermeister Max Brauer sprach damals während der Eröffnungsfeier:

„Ich wünsche, dass die Studenten immer das große Glück empfinden und begreifen, an einer Stätte zu sein, an der die geistigen Kräfte wachsen sollen. Kräfte, die jeden Rückfall in eine dunkle Vergangenheit unmöglich machen und einem freien, demokratischen Deutschland immer neue Ideen und Antriebe geben." (Zitiert nach: Hamburger Abendblatt, 11.11.1959).

Von der Geschichte der Jüdischen Gemeinde, die Ende der 1920er-Jahre mit rund 20 000 Menschen zu den größten in Deutschland zählte, von der Einrichtung eines zentralen Sammelplatzes für die Deportation 1941 neben dem Hauptgebäude der Universität, von dem speziellen Genius Loci des Universitätsgeländes war zumindest in der Presse nichts zu lesen. Lange Zeit blieb die frühere jüdische Welt eine verschwundene Welt. Nichts erinnerte an die Vernichtung der religiösen und geistigen Vitalität am Grindel. Erst 1987 rückte dieses düstere Kapitel der hamburgischen Geschichte durch eine Ausstellung in der ehemaligen – inzwischen restaurierten und wieder von der Jüdischen Gemeinde genutzten – Talmud-Tora-Schule in den Blickpunkt einer größeren Öffentlichkeit. Eindrucksvoll erinnerte sich der Initiator der Ausstellung, Naftali Bar-Giora Bamberger (1919–2000), an sein Viertel:

„Wir können noch heute an den Toreingängen vorbeigehen, aus denen uns schon am Freitagmorgen der Duft der Sabbatspeisen entgegenzog, können in die typischen Hamburger Hinterhöfe und Gärten schauen, wo unsere Laubhütten standen, finden unsere Wohnungen wieder und jene Häuser, in denen damals die Lädchen waren für Textilien, deren Gewebe keine Mischung von Wolle und Leinen enthielt, für koschere Lebensmittel, Fleisch und Milch. Und auch die Buchhandlung, in der man alles kaufen konnte zur Erfüllung der täglichen Gebote, ist für uns noch sichtbar. Hier in unserem ‚Schtetle am Bornplatz' trauerten wir über die Zerstörung von Jerusalem, hier feierten wir unsere Feste in den Synagogen, im Haus, in der Schule und sogar auf der

Straße. Solange es ging." (Zitiert nach: U. Wamser, W. Weinke: Eine verschwundene Welt. Jüdisches Leben am Grindel, Hamburg 1991)

Begeben wir uns also auf die Suche nach dem jüdischen Leben, das sich am Grindel entwickelte. Die Hamburger Verfassung von 1860 stellte die jüdischen Bürger den anderen gleich. Sie durften inzwischen auch ihre Wohnung selbst wählen und waren nicht mehr gezwungen, in den engen Quartieren der Neustadt zu siedeln.

Der Rundgang beginnt am **Mahnmal für die Deportierten (1)** auf dem Rasendreieck Edmund-Siemers-Allee und Moorweidenstraße direkt neben dem Hauptgebäude der Universität, Edmund-Siemers-Allee 1. Die schlichte Steinstele des Bildhauers Ulrich Rückriem von 1983 mit ihren Spuren und Narben markiert diesen Ort des Verbrechens, auf dem man die Juden ab 1941 zusammentrieb, um sie in die Konzentrationslager im Osten abzutransportieren. „Sammelplatz der Abwanderung" betitelten die Nazis verharmlosend diesen Auftaktort ihrer „Endlösung der Judenfrage". Die Gedenktafel vor dem Mahnmal formuliert treffend: „Dem Gedenken an die jüdischen Bürger Hamburgs, die in den Tagen der nationalsozialistischen Gewaltherrschaft von diesem Platz zu Tausenden in den

Zerbrochene und vernichtete Welt: Das Wandbild am Universitätsgebäude gestaltete die Argentinierin Cecilia Herrero zusammen mit einer Gruppe Studenten.

Tod geschickt wurden. Vergesst es nicht! Seid wachsam!"

Gehen Sie nun die Moorweidenstraße entlang und links in die Schlüterstraße bis zum Campus der Universität. Schräg gegenüber dem Audimax, am Gebäude des Departments für Wirtschaft und Politik, hat die argentinische Künstlerin Cecilia Herrero zusammen mit einer Gruppe von Studenten 1995 ein **Wandbild (2)** gestaltet, das an das vitale jüdische Viertel, das es hier einmal gegeben hat, erinnert. Die im Stil der Neuen Sachlichkeit der 1920er-Jahre dargestellten Straßenszenen zeigen das Leben am Grindel vor der Verfolgung, Risse zwischen den einzelnen Bildelementen symbolisieren die Zerstörung durch das NS-Regime. Ein Gedicht der Literaturnobelpreisträgerin

Nelly Sachs (1891–1970) mahnt uns, die Erinnerung daran wachzuhalten:

Wer von uns darf trösten?
In der Tiefe des Hohlwegs
Zwischen Gestern und Morgen
Steht der Cherub
Mahlt mit seinen Flügeln die Blitze der Trauer
Seine Hände aber halten die Felsen auseinander
Von Gestern und Morgen
Wie die Ränder einer Wunde
Die offenbleiben soll
Die noch nicht heilen darf.
Nicht einschlafen lassen die Blitze der Trauer
Das Feld des Vergessens.
Wer von uns darf trösten?

An der linken Seite des „Pferdestalls", einem ehemaligen Fuhrwerksgebäude, Allende-Platz 1–3, finden Sie etwas zurückgesetzt auf einer steinernen Stele eine Gedenktafel, die an die 1895 eingeweihte **Neue Dammtor-Synagoge (3)** an der damaligen Beneckestraße erinnert. Gestiftet hatte sie ein Verein konservativer Juden. Liebevoll im orientalischen Baustil errichtet, ließ sie jedoch viele jüdische Bewohner befürchten, dass gerade dieser Stil den Judenfeinden Argumente liefern würde. Seine wenig exponierte Lage in einem Hinterhof verschonte das Gebäude jedoch vor den

Das Mahnmal der Künstlerin Margit Kahl zeigt die Umrisse der ehemaligen Hauptsynagoge am Bornplatz, die von den Nazis zerstört wurde.

brandstiftenden Nazi-Horden in der Pogromnacht 1938. Erst die Bomben im Zweiten Weltkrieg zerstörten sie, wobei wie durch ein Wunder der Toraschrein unbeschädigt blieb. Er ist heute in der Gedenkstätte Yad Vashem in Jerusalem ausgestellt.

Sie umrunden nun das gegenüberliegende Gebäude, ein ehemaliger Bunker aus der Zeit des Nationalsozialismus, und stehen jetzt im Zentrum des damaligen jüdischen Lebens: Hier erhob sich die 1906 geweihte **Hauptsynagoge am Bornplatz (4)**, heute nach dem letzten Oberrabbiner der Gemeinde Hamburg-Altona Joseph-Carlebach-Platz genannt. Joseph Carlebach erhob seine Stimme, bis die Nationalsozialisten ihn gewaltsam zum Schweigen brachten. Im Dezember 1941 wurde er mit seiner Frau und den vier jüngsten Kindern nach Riga deportiert und wenige Wochen später ermordet.

Die frei stehende Hauptsynagoge drückte mit ihrer 40 Meter hohen Kuppel und ihren 1200 Plätzen das gewachsene Selbstbewusstsein der Jüdischen Gemeinde aus. Ihre neoromanische Formensprache sollte ganz bewusst auf die Verwurzelung der Jüdischen Gemeinde in der deutschen Kultur und Tradition verweisen. Während der Pogromnacht im November 1938 war diese Synagoge ein Hauptziel der Nazis: Sie wurde in Brand gesteckt und schwer beschädigt. Anschließend zwang man die Gemeinde, das Grundstück an die Stadt zurückzugeben und auch noch den vollständigen Abriss (1939) zu finanzieren.

Seit 1988 gibt ein großes, von der Künstlerin Margit Kahl entworfenes Mosaik auf dem Platz den Grundriss der Synagoge wieder. Nördlich davon, am Grindelhof 30, begrenzt das Gebäude der **Talmud-Tora-Schule (5)** den Synagogenplatz. Während der Einweihung 1911 gab der erste Schuldirektor Dr. Joseph Goldschmidt seinen Schülern mit auf den Weg: „Werdet tüchtige Juden, tüchtige Deutsche, tüchtige Hamburger!" Die Wurzeln dieser Schule reichen bis in das Jahr 1805 zurück, als an der Elbstraße 122 die Israelitische

Seit 2002 wieder mit jüdischem Leben erfüllt: die Talmud-Tora-Schule am Grindelhof

Armenschule der Talmud Tora als hauptsächlich religiöse Bildungsstätte gegründet wurde. 1815 folgte bereits eine jüdische Reformschule, die „Freischule" am Zeughausmarkt mit einem auch weltlichen Fächerangebot. Ihr Erfolg machte den Bau einer größeren Schule an den Kohlhöfen bereits um 1850 erforderlich, die 1870 ihre Anerkennung als „Höhere Bürgerschule" erhielt. 1911 zog man dann ins aufstrebende Grindelviertel. Eine Spende von 200 000 Reichsmark vom Hamburger Bankier Max Warburg ermöglichte den Neubau nach Plänen des Architekten Ernst Friedheim. Am 10. November 1938 mussten sich die Lehrer und Schüler auf Befehl der Gestapo in der Turnhalle versammeln, Namenslisten wurden verlesen und die ersten Lehrer und Schüler in

Konzentrationslager abtransportiert. 1939 musste das Gebäude auf Weisung des NS-Reichsstatthalters geräumt werden. Die verbliebenen Schüler wurden in die Israelische Töchterschule aufgenommen. Die letzten Schüler und Lehrer „verließen" Hamburg zwangsweise 1942 in Richtung Auschwitz.

Es ist ein Zeichen der Hoffnung, dass die Jüdische Gemeinde hier 2002 wieder eine Schule eingerichtet hat. Sie soll das Herz eines neuen jüdischen Lebens am Grindel werden. 2008 eröffnete schräg gegenüber das literarische Café Leonar. Und schon jetzt gehört das Café mit seinem Literaturangebot und mit den Aktivitäten des Salons ins Viertel, als sei es „schon immer" da gewesen.

Die hohen Zäune und Sicherheitsschleusen vor der Schule zeugen allerdings von dem weiten Weg, den wir noch gehen müssen, bis die jüdische Kultur und das sich neu entwickelnde jüdische Leben als eine selbstverständliche Bereicherung unserer Kultur verstanden werden.

Zwei Straßen weiter in der Hartungstraße 9 liegt ein weiteres Gebäude, das von der jüdischen Tradition am Grindel zeugt: die **Hamburger Kammerspiele (6)**. Die herrschaftliche Villa stammt aus dem Jahre 1863, 1904 wurde sie zum Sitz der **Jüdischen Freimaurerloge Henry Jones** umgebaut, benannt nach dem 1843 in

Ida Ehre gründete 1945 die Kammerspiele im ehemaligen jüdischen Logenhaus in der Hartungstraße 9 als Theater der Menschlichkeit und Toleranz.

die USA emigrierten Hamburger Heinrich Jonas, der dort den Orden „Bne-Briß", Söhne des Bundes, gründete. Die Loge verschrieb sich ganz der Sozialarbeit und versuchte, durch Fortbildungskurse viele arme jüdische Bürger zu unterstützen. Im oberen Stock wurde ein Gemeinschaftsheim eingerichtet. Später betrieb der Jüdische Kulturbund, der das Theater mit fast 500 Plätzen ausbaute, das Haus bis zur „Arisierung" 1941.

Bereits 1945 eröffnete die große Schauspielerin **Ida Ehre** (1900–1989) hier die Hamburger Kammerspiele. Sie hatte die Inhaftierung im KZ Fuhlsbüttel überlebt und wollte in diesem Haus ein Theater machen, das „menschliche Probleme und Probleme der Welt" vor einem möglichst großen Publikum erörtern sollte,

„von denen wir zwölf Jahre lang nichts wissen durften". Die Wiedereröffnung der Kammerspiele stand in Hamburg für einen Neuanfang mit der Idee eines „Theaters der Menschlichkeit und Toleranz". 1947 wurde in den Hamburger Kammerspielen Wolfgang Borcherts „Draußen vor der Tür" uraufgeführt.

Noch heute können Sie im Logensaal des Theaters Reste der alten Ausmalung aus der Zeit der Henry-Jones-Loge entdecken (geöffnet ab 12 Uhr).

Ein Abstecher von etwa zehn Gehminuten führt Sie zu einer weiteren bedeutenden Einrichtung, dem **Tempel (7)** der jüdischen Reformbewegung (Oberstraße 116–120), der 1931 eingeweiht wurde und heute als Sendesaal des NDR genutzt wird. Das Gebäude soll-

Zerbrochene Torarolle und zerrissener Vorhang: Mahnmal vor dem ehemaligen Tempel in der Oberstraße, der heute als Sendesaal des NDR genutzt wird

Die Terrassen-
häuser am
Grindelhof 83
strahlen einen
besonderen
Charme aus und
bilden mit den
umliegenden
Stadtvillen eine
idyllische Oase.

te mit seiner modernen, an das Bauhaus ange-
lehnten Architektur die deutsche Tradition der
hier lebenden Juden hervorheben. Zur Einweihung sagte der Rabbiner Dr. Italiener: „Es gibt
keine wahre Erneuerung ohne seelische Verwurzelung in dem Boden der Heimat, der der
Mensch entstammt. Wir deutsche Juden empfinden diese Verwurzelung besonders in einer
Zeit, in der man uns das Recht am deutschen
Heimatboden streitig machen, in der man uns
seelisch wurzellos machen will." Seit 1983
erinnert ein Bronzedenkmal mit zerrissenem
Toravorhang und zerbrochener Torarolle von
Doris Waschk-Balz an die ursprüngliche
Funktion des Gebäudes als Gotteshaus.
Zurück am Grindelhof besuchen Sie nun die
rückwärtigen **Terrassenhäuser Grindelhof 83 (8)**:

Im Hinterhof hat das Gebetshaus Pogrome und Bomben überlebt: die Vereinigte Alte und Neue Klaus in der Rutschbahn

Frisch restauriert strahlen sie einen besonderen Charme aus. An einigen Häuserwänden finden Sie noch Reste der alten Laden- und Handwerkerschilder, Zeugnisse des vielfältigen Lebens in diesen Hinterhöfen. Ergänzt wurde diese Anlage unlängst mit einigen Stadtvillen, die sich in ihren Proportionen auf die Terrassenhäuser beziehen und mit den Gärten eine idyllische Oase bilden (Architekt Stefan Starcke, Landschaftsarchitektin Susanne Dressel). Biegen Sie links in die Gartenwege ein, nach einem Torbogen stehen Sie auf der Rutschbahn. Im Hinterhof Nr. 11a finden Sie das Gebetshaus („Klause") der **Vereinigten Alten und Neuen Klaus (9)**, 1905 eingerichtet von strenggläubigen Gemeindemitgliedern zum Studium des Talmud in zwei kleinen Hörsälen.

Auf Schritt und
Tritt: Unzählige
Stolpersteine zeu-
gen von den jüdi-
schen Bewohnern
und den Verbre-
chen, die die
Nazis an ihnen
begangen haben.

Zurück geht es über die Heinrich-Barth- und
Bornstraße. Auf dem Fußgängerweg finden
Sie viele **Stolpersteine (10)**, eine Aktion des
Kölner Künstlers Gunter Demnig, der mit
messingbeschlagenen Kopfsteinen auf die
ermordeten jüdischen Bewohner der entsprechenden Häuser aufmerksam machen will.

Am Allende-Platz können Sie sich nun in
einem der Straßencafés niederlassen: Lassen
Sie die Synagogen vor dem inneren Auge wie-
dererstehen und das jüdische Leben hier wieder pulsieren! Nur ein frommer Wunsch?

Danksagung

Ohne vielfältige Unterstützung wäre dieses Buch nicht erschienen. Dank sagen möchte ich zuallererst meiner Kollegin und Geschäftspartnerin Dr. Karen Michels. Wir haben gemeinsam viele der beschriebenen Rundgänge entwickelt und in unserem Kunstabonnement mit vielen Menschen vergnüglich beschritten. Meinen Verlegern Marita Ellert-Richter und Gerhard Richter bin ich zu Dank verpflichtet ob ihrer Geduld, Unterstützung und sachtem Druck. Sie hatten die Idee, die Rundgänge doch schriftlich einem größeren Publikum nahezubringen.
Für die kritische Begutachtung des Manuskripts danke ich der Lektorin Beatrix Sommer und Anita Krüger. Nicht zuletzt bin ich meiner Frau Ingrid dankbar für ihre inhaltliche Unterstützung und Geduld.

Joachim Buttler